U0964701

胡适 等 著

北大国学讲座

哈尔滨出版社
HARBIN PUBLISHING HOUSE

图书在版编目（CIP）数据

北大国学讲座／胡适等著. —哈尔滨：哈尔滨出版社，2016.12（2022.11重印）

ISBN 978-7-5484-2895-4

Ⅰ.①北… Ⅱ.①胡… Ⅲ.①国学-通俗读物 Ⅳ.①Z126-49

中国版本图书馆 CIP 数据核字（2016）第222498号

书　　名：北大国学讲座
BEIDA GUOXUE JIANGZUO

作　　者：胡　适　等著
责任编辑：尉晓敏　孙　迪
版式设计：书情文化
封面设计：末末美书

出版发行：哈尔滨出版社（Harbin Publishing House）
社　　址：哈尔滨市香坊区泰山路 82-9 号　**邮编：**150090
经　　销：全国新华书店
印　　刷：三河市兴达印务有限公司
网　　址：www.hrbcbs.com
E-mail：hrbcbs@yeah.net
编辑版权热线：（0451）87900271　87900272
销售热线：（0451）87900202　87900203

开　　本：710mm × 1000mm　1/16　**印张：**15　**字数：**206 千字
版　　次：2016 年 12 月第 1 版
印　　次：2022 年 11 月第 2 次印刷
书　　号：ISBN 978-7-5484-2895-4
定　　价：59.80 元

凡购本社图书发现印装错误，请与本社印制部联系调换。服务热线：（0451）87900279

目　录　Contents

Chapter 1　国学略说

Chapter 2 经学与哲学

Chapter 3 文学与史学

Chapter 1 国学略说

国学的本体

章太炎

一、经史非神话

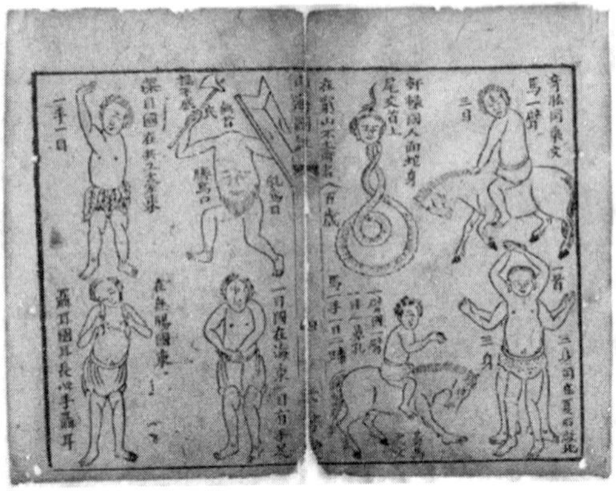
古本《山海经》里的怪兽

在古代书籍中，原有些记载是神话，若《山海经》《淮南子》中所载，我们看了，觉得是怪诞极了。但此类神话，在王充《论衡》里已有不少被他看破，没有存在的余地了。而且正经正史中本没有那些话。如盘古开天辟地，天皇、地皇、人皇等，正史都不载。又如“女娲炼石补天”“后羿射日”那种神话，正史里也都没有。经史所载，虽在极小部分中还含神秘的意味，大体并没神奇怪离的论调。并且，这极小部分的神秘记载，也许使我们得有理的解释：

《诗经》记后稷的诞生，颇似可怪。因据《尔雅》所释“履帝武敏”，说是他的母亲，足蹈了上帝的拇指得孕的。但经毛公注释，训帝为皇帝，就等于平常的事实了。

《史记·高帝本纪》说高祖之父太公，雷雨中至大泽，见神龙附其母之身，遂生高祖。这不知是太公捏造这话来骗人，还是高祖自造。即使太公真正看见如此，我想其中也可假托。记得湖北曾有一件奸杀案：一个奸夫和奸妇密议，得一巧法，在雷雨当中，奸夫装成雷公怪形，从屋脊而下，活活地把本夫打杀。高祖的事，也许是如此。他母亲和人私通，奸夫饰做龙怪的样儿，太公自然不敢进去了。

从前有人常疑古代圣帝贤王都属假托；即如《尧典》所说“钦明文思安安，克明俊德……”等等的话，有人很怀疑，以为那个时候的社会，哪得有像这样的完人。我想：古代史家叙太古的事，不能详叙事实，往往只用几句极混统的话做“考语”，这种考语原最容易言过其实。譬如今人作行述，遇着没有事迹可记的人，每只用几句极好的考语；《尧典》中所载，也不过是一种“考语”，事实虽不全如此，也未必全不如此。

《禹贡》记大禹治水，八年告成。日本有一博士，他说：“后世凿小小的运河，尚须数十年或数百年才告成功，他治这么大的水，哪得如此快？”因此，也疑禹贡只是一种奇迹。我却以为大禹治水，他不过督其成，自有各部分工去做；如果要亲身去，就游历一周，也不能，何况凿成！在那时人民同受水患，都有切身的苦痛，免不得合力去做，所以“经之营之，不日成之”了。《禹贡》记各土地腴瘠情形，也不过依报告录出，并不必由大禹亲自调查的。

禹手持耒耜治水图

太史公作《五帝本纪》，择其言尤雅驯者，可见他述的确实。我们再翻看经史中，却也没载盘古、三皇的事，所以经史并非神话。

其他经史以外的书，若《竹书纪年》《穆天子传》，确有可疑者在。但

《竹书纪年》今存者为明代伪托本，可存而不论，《穆天子传》也不在正经正史之例，不能以此混彼。后世人往往以古书稍有疑点，遂全目以为伪，这是错了！

二、经典诸子非宗教

经典诸子中有说及道德的，有说及哲学的，却没曾说及宗教。近代人因为佛经及耶教的圣经都是宗教，就把国学里的“经”，也混为一解，实是大误。“佛经”“圣经”的那个“经”字，是后人翻译时随意引用，并不和“经”字原意相符。经字原意只是一经一纬的经，即是一根线，所谓经书只是一种线装书罢了。明代有线装书的名目，即别于那种一页一页散着的八股文墨卷，因为墨卷没有保存的价值，别的就称做线装书了。古代记事书于简。不及百名者书于方，事多一简不能尽，遂连数简以记之。这连各简的线，就是“经”。可见“经”不过是当代记述较多而常要翻阅的几部书罢了。非但没含宗教的意味，就是汉时训“经”为“常道”，也非本意。后世疑经是经天纬地之经，其实只言经而不言天，便已不是经天的意义了。

中国自古即薄于宗教思想，此因中国人都重视政治。周时诸学者已好谈政治，差不多在任何书上都见他们政治的主张。这也是环境的关系：中国土地辽广，统治的方法急待研究，比不得欧西地小国多，没感着困难。印度土地也大，但内部实分着许多小邦，所以他们的宗教易于发达。中国人多以全力着眼政治，所以对宗教很冷淡。

老子很反对宗教，他说：“以道莅天下，其鬼不神。”孔子对于宗教，也反对；他虽于祭祀等事很注意，但我们味“祭神如神在”的“如”字的意思，他已明白告诉我们是没有神的。《礼记》一书很考究祭祀，这书却又出自汉代，未必是可靠。

祀天地社稷，古代人君确是遵行，然自天子以下，就没有与祭的身分。

须知宗教是须普及于一般人的，耶稣教的上帝，是给一般人膜拜的；中国古时所谓天，所谓上帝，非人君不能拜；根本上已非宗教了。

九流十家中，墨家讲天、鬼，阴阳家说阴阳生克，确含宗教的臭味，但墨子所谓天，阴阳家所谓“龙”“虎”，却也和宗教相去很远。

就上讨论，我们可以断定经典诸子非宗教。

三、历史非小说传奇

后世的历史，因为辞采不丰美，描写不入神，大家以为是记实的；对于古史，若《史记》《汉书》，以其叙述和描写的关系，引起许多人的怀疑：

《刺客列传》记荆轲刺秦王事，《项羽本纪》记项羽垓下之败，真是活龙活现。大家看了，以为事实上未必如此，太史公并未眼见，也不过如《水浒传》里说武松、宋江，信手写去罢了。实则太史公作史择雅去疑，慎之又慎。像伯夷、叔齐的事，曾经孔子讲及，所以他替二人作传。那许由、务光之流，就缺而不录了。项羽、荆轲的事迹，昭昭在人耳目，太史公虽没亲

荆轲刺秦王画像石

见，但传说很多，他就可凭着那传说写出了。《史记》中详记武略，原不止项羽一人；但若夏侯婴、周勃、灌婴等传，对于他们的战功，只书得某城，斩首若干级，升什么官，竟像记一笔账似的，这也因没有特别的传说，只将报告记了一番就算了。如果太史公有意伪述，那么《刺客列传》除荆轲外，行刺的情形，只曹沫、专诸还有些叙述，豫让、聂政等竟完全略过，这是什么道理呢？《水浒传》有百零八个好汉，所以施耐庵不能个个描摹，《刺客列传》只五个人，难道太史公不能逐人描写么？这都因荆轲行刺的情形有传说可凭，别人没有，所以如此的。

"商山四皓"一事，有人以为四个老人哪里能够使高祖这样听从，《史记》所载未必是实。但须知一件事情的成功，往往为多数人所合力做成，而史家常在甲传中归功于甲，在乙传中又归功于乙。汉惠免废，商山四皓也是有功之一，所以在《留侯世家》中如此说，并无可疑。

史书原多可疑的地方，但并非像小说那样的虚构。如刘知幾《史通》曾疑更始刮席事为不确，因为更始起自草泽时，已有英雄气概，何至为众所拥立时，竟羞惧不敢仰视而以指刮席呢？这大概是光武一方面诬蔑更始的话。又如史书写王莽竟写得同呆子一般，这样愚呆的人怎能篡汉？这也是汉室中兴对于王莽当然特别贬斥。这种以成败论人的习气，史家在所不免，但并非像小说的虚构。

新朝皇帝王莽像

考《汉书·艺文志》已列小说于各家之一，但那只是县志之类，如所谓《周考》、《周纪》者。最早是见于《庄子》，有"饰小说以干县令"一语；这所谓小说，却又指那时的小政客不能游说六国侯王，只能在地方官前说几句本地方的话。这都和后世小说不同。刘宋时有《世说新语》一书，所记多为有风趣的魏晋人的言行，但和正史不同的地方，只时日多颠倒处，事实并非虚构。唐人始多笔记小说，且有因爱憎而特加揄扬或贬抑者，去事实稍远。《新唐书》因《旧唐书》所记事实不详备，多采取此等笔记。但司马温公作《通鉴》对于此等事实必由各方面搜罗证据，见有可疑者即删去，可见作史是极慎重将事的。最和现在小说相近的是宋代的《宣和遗事》，彼记宋徽宗游李师师家，写得非常生动，又有宋江等三十六人，大约《水浒传》即脱胎于此书。古书中全属虚构者也非没有，但多专记神仙鬼怪，如唐人所辑《太平广记》之类，这与《聊斋志异》相当，非《水浒传》可比，而且正史中也向不采取。所以正史中虽有些叙事很生动的地方，但决与小说传奇不同。

《国学季刊》发刊宣言

胡适

近年来，古学的大师渐渐死完了，新起的学者还不曾有什么大成绩表现出来。在这个青黄不接的时期，只有三五个老辈在那里支撑门面。古学界表面上的寂寞，遂使许多人发生无限的悲观。所以有许多老辈遂说，“古学要沦亡了！”“古书不久要无人能读了！”

在这个悲观呼声里，很自然的发出一种没气力的反动的运动来。有些人还以为西洋学术思想的输入是古学沦亡的原因；所以他们至今还在那里抗拒那他们自己也莫名其妙的西洋学术。有些人还以为孔教可以完全代表中国的古文化；所以他们至今还梦想孔教的复兴；甚至于有人竟想抄袭基督教的制度来光复孔教。有些人还以为古文古诗的保存就是古学的保存了；所以他们至今还想压语体文字的提倡与传播。至于那些静坐扶乩，逃向迷信里去自寻安慰的，更不用说了。

胡适先生的书房

在我们看起来，这些反动都只是旧式学者破产的铁证；这些行为，不但不能挽救他们所忧虑的国学之沦亡，反可以增加国中少年人对于古学的藐视。如果这些举动可以代表国学，国学还是沦亡了更好！

我们平心静气地观察这三百年的古学发达史，再观察眼前国内和国外的学者研究中国学术的现状，我们不但不抱悲观，并且还抱无穷的乐观。我们深信，国学的将来，定能远胜国学的过去；过去的成绩虽然未可厚非，但将来的成绩一定还要更好无数倍。

自从明末到于今，这三百年，诚然可算是古学昌明时代。总括这三百年的成绩，可分这些方面：

（一）整理古书。在这方面，又可分三门。第一，本子的校勘；第二，文字的训诂；第三，真伪的考订。考订真伪一层，乾嘉的大师（除了极少数学者如崔述等之外）都不很注意；只有清初与晚清的学者还肯做这种研究，但方法还不很精密，考订的范围也不大。因此，这一方面的整理，成绩比较的就最少了。然而校勘与训诂两方面的成绩实在不少。戴震、段玉裁、王念孙、阮元、王引之们的治“经”；钱大昕、赵翼、王鸣盛、洪亮吉们的治“史”；王念孙、俞樾、孙诒让们的治“子”：戴震、王念孙、段玉裁、邵晋涵、郝懿行、钱绎、王筠、朱骏声们的治古词典：都有相当的成绩。重要的古书，经过这许多大师的整理，比三百年前就容易看的多了。我们试拿明刻本的《墨子》来比孙诒让的《墨子间诂》，或拿二徐的《说文》来比清儒的各种《说文》注，就可以量度这几百年整理古书的成绩了。

（二）发现古书。清朝一代所以能称为古学复兴时期，不单因为训诂校勘的发达，还因为古书发现和翻刻之多。清代中央政府，各省书局，都提倡刻书。私家刻的书更是重要：丛书与单行本，重刊本，精校本，摹刻本，近来的影印本。我们且举一个最微细的例。近三十年内发现与刻行的宋、元词集，给文学史家添了多少材料？清初朱彝尊们固然见着不少的词集；但我们今日购买词集之便易，却是清初词人没有享过的福气了。翻刻古书孤本之外，还有辑佚书一项，如《古经解钩沉》《小学钩沉》《玉函山房辑佚书》

和《四库全书》里那几百种从《永乐大典》辑出的佚书，都是国学史上极重要的贡献。

（三）发现古物。清朝学者好古的风气不限于古书一项；风气所被，遂使古物的发现，记载，收藏，都成了时髦的嗜好。鼎彝，泉币，碑版，壁画，雕塑，古陶器之类：虽缺乏系统的整理，材料确是不少了。最近三十年来，甲骨文字的发现，竟使殷商一代的历史有了地底下的证据，并且给文字学添了无数的最古材料。最近辽阳、河南等处石器时代的文化的发现，也是一件极重要的事。

但这三百年的古学的研究，在今日估计起来，实在还有许多缺点。三百年的第一流学者的心思精力都用在这一方面，而究竟还只有这一点点结果，也正是因为有这些缺点的缘故。那些缺点，分开来说，也有三层：

（一）研究的范围太狭窄了。这三百年的古学，虽然也有整治史书的，虽然也有研究子书的，但大家的眼光与心力注射的焦点，究竟只在儒家的几部经书。古韵的研究，古词典的研究，古书旧注的研究，子书的研究，都不是为这些材料的本身价值而研究的。一切古学都只是经学的丫头！内中固然也有婢作夫人的；如古韵学之自成一种专门学问，如子书的研究之渐渐脱离经学的羁绊而独立。但学者的聪明才力被几部经书笼罩了三百年，那是不可讳的事实。况且在这个狭小的范围里，还有许多更狭小的门户界限。有汉学和宋学的分家，有今文和古文的分家；甚至于治一部《诗经》还要舍弃东汉的《郑笺》而专取西汉的《毛传》。专攻本是学术进步的一个条件；但清儒狭小研究的范围，却不是没有成见的分功。他们脱不了“儒书一尊”的成见，故用全力治经学，而只用余力去治他书。他们又脱不了“汉儒去古未远”的成见，故迷信汉人，而排除晚代的学者。他们不知道材料固是愈古愈可信，而见解则后人往往胜过前人；所以他们力排郑樵、朱熹而迷信毛公、郑玄。今文家稍稍能有独立的见解了；但他们打倒了东汉，只落得回到西汉的圈子里去。研究的范围的狭小是清代学术所以不能大发展的一个绝大原因。三五部古书，无论怎样绞来挤去，只有那点精华和糟粕。打倒宋朝的“道士《易》”固然是好事；但打倒了“道士《易》”，跳过了魏、晋人的“道家《易》”，却回到两汉的“方士《易》”，那就是很不幸的了。《易》的故事如此；《诗》《书》《春秋》《三礼》的故事也是如此。三百年的心思才力，始终不曾跳出这个狭小的圈子外去！

（二）太注重功力而忽略了理解。学问的进步有两个重要方面：一是材料的积聚与剖解；一是材料的组织与贯通。前者须靠精勤的功力，后者全靠综合的理解。清儒有鉴于宋、明学者专靠理解的危险，所以努力做朴实的功力而力避主观的见解。这三百年之中，几乎只有经师，而无思想家；只有校史者，而无史家；只有校注，而无著作。这三句话虽然很重，但我们试除去戴震、章学诚、崔述几个人，就不能不承认这三句话的真实了。章学诚生当乾隆盛时（乾隆，1736～1795；章学诚，1738～1801），大声疾呼的警告当日的学术界道：

《清代学者像传》之章学诚像

今之博雅君子，疲精劳神于经传子史，而终身无得于学者，正坐……误执求知之功力，以为学即在是尔。学与功力实相似而不同。学不可以骤几，人当致攻乎功力，则可耳。指功力以为学，是犹指秫黍以为酒也。（《文史通义·博约篇》）

他又说：

近日学者风气，征实太多，发挥太少，有如蚕食叶而不能抽丝。（《章氏遗书·与汪辉祖书》）

古人说："鸳鸯绣取从君看，不把金针度与人。"单把绣成的鸳鸯给人看，而不肯把金针教人，那是不大度的行为。然而天下的人不是人人都能学绣鸳鸯的；多数人只爱看鸳鸯，而不想自己动手去学绣。清朝的学者只是天天一针一针的学绣，始终不肯绣鸳鸯。所以他们尽管辛苦殷勤的做去，而在社会的生活思想上几乎全不发生影响。他们自以为打倒了宋学，然而全国的学校里读的书仍旧是朱熹的《四书集注》《诗集传》《易本义》等书。他们自以为打倒了伪《古文尚书》，然而全国村学堂里的学究仍旧继续用蔡沈的《书集传》。三百年第一流的精力，二千四百三十卷的《经解》，仍旧不能替换朱熹一个人的几部启蒙的小书！这也可见单靠功力而不重理解的失败了。

（三）缺乏参考比较的材料。我们试问，这三百年的学者何以这样缺乏理解呢？我们推求这种现象的原因，不能不回到第一层缺点——研究的范围的过于狭小。宋、明的理学家所以富于理解，全因为六朝、唐以后佛家与道士的学说弥漫空气中，宋、明的理学家全都受了他们的影响，用他们的学说作一种参考比较的资料。宋、明的理学家，有了这种比较研究的材料，就像一个近视眼的人戴了近视眼镜一样；从前看不见的，现在都看见了；从前不明白的，现在都明白了。同是一篇《大学》，汉、魏的人不很注意他，宋、明的人忽然十分尊崇他，把他从《礼记》里抬出来，尊为《四书》之一，推为"初学入德之门"。《中庸》也是如此的。宋明的人戴了佛书的眼镜，望着《大学》《中庸》，便觉得"明明德""诚""正心诚意""率性之谓道"等等话头都有哲学的意义了。清朝的学者深知戴眼镜的流弊，决意不配眼镜；却不知道近视而不戴眼镜，同瞎子相差有限。说《诗》的回到《诗序》，说《易》的回到"方士《易》"，说《春秋》的回到《公羊》，可谓

“陋”之至了；然而我们试想这一班第一流才士，何以陋到这步田地，可不是因为他们没有高明的参考资料吗？他们排斥“异端”；他们得着一部《一切经音义》，只认得他有保存古韵书古词典的用处；他们拿着一部子书，也只认得他有旁证经文古义的功用。他们只向那几部儒书里兜圈子；兜来兜去，始终脱不了一个“陋”字！打破这个“陋”字，没有别的法子，只有旁搜博采，多寻参考比较的材料。

以上指出的这三百年的古学研究的缺点，不过是随便挑出了几桩重要的。我们的意思并不要菲薄这三百年的成绩；我们只想指出他们的成绩所以不过如此的原因。前人上了当，后人应该学点乖。我们借鉴于前辈学者的成功与失败，然后可以决定我们现在和将来研究国学的方针。我们不研究古学则已；如要想提倡古学的研究，应该注意这几点：

（1）扩大研究的范围。

（2）注意系统的整理。

（3）博采参考比较的资料。

（一）怎样扩大研究的范围呢？“国学”在我们的心眼里，只是“国故学”的缩写。中国的一切过去的文化历史，都是我们的“国故”；研究这一切过去的历史文化的学问，就是“国故学”，省称为“国学”。“国故”这个名词，最为妥当；因为他是一个中立的名词，不含褒贬的意义。“国故”包含“国粹”；但他又包含“国渣”。我们若不了解“国渣”，如何懂得“国粹”？所以我们现在要扩充国学的领域，包括上下三四千年的过去文化，打破一切的门户成见：拿历史的眼光来整统一切，认清了“国故学”的使命是整理中国一切文化历史，便可以把一切狭陋的门户之见都扫空了。例如治经，郑玄、王肃在历史上固然占一个位置，王弼、何晏也占一个位置，王安石、朱熹也占一个位置，戴震、惠栋也占一个位置，刘逢禄、康有为也占一个位置。段玉裁曾说：

> 校经之法，必以贾还贾，以孔还孔，以陆还陆，以杜还杜，以郑还郑，各得其底本，而后判其理义之是非。……不先正注、疏，释文之底本，则多诬古人。不断其立说之是非，则多误今人。（《经韵楼集·与诸同志书论校书之难》）

我们可借他论校书的话来总论国学；我们也可以说：整治国故，必须以汉还汉，以魏、晋还魏、晋，以唐还唐，以宋还宋，以明还明，以清还清；以古文还古文家，以今文还今文家；以程、朱还程、朱，以陆、王还陆、王，……各还他一个本来面目，然后评判各代各家各人的义理的是非。不还他们的本来面目，则多诬古人。不评判他们的是非，则多误今人。但不先弄明白了他们的本来面目，我们决不配评判他们的是非。

这还是专为经学哲学说法。在文学的方面，也有同样的需要。庙堂的文学固可以研究，但草野的文学也应该研究。在历史的眼光里，今日民间小儿女唱的歌谣，和《诗》三百篇有同等的位置；民间流传的小说，和高文典册有同等的位置，吴敬梓、曹霑和关汉卿、马东篱和杜甫、韩愈有同等的位置。故在文学方面，也应该把“三百篇”还给西周、东周之间的无名诗人，把古乐府还给汉、魏、六朝的无名诗人，把唐诗还给唐，把词还给五代、两宋，把小曲杂剧还给元朝，把明、清的小说还给明、清。每一个时代，还他那个时代的特长的文学，然后评判他们的文学的价值。不认明每一个时代的特殊文学，则多诬古人而多误今人。

近来颇有人注意戏曲和小说了；但他们的注意仍不能脱离古董家的习气。他们只看得起宋人的小说，而不知道在历史的眼光里，一本石印小字的《平妖传》和一部精刻的残本《五代史平话》有同样的价值，正如《道藏》里极荒谬的道教经典和《尚书》《周易》有同等的研究价值。

总之，我们所谓“用历史的眼光来扩大国学研究的范围”，只是要我们大家认清国学是国故学，而国故学包括一切过去的文化历史。历史是多方面的：单记朝代兴亡，固不是历史；单有一宗一派，也不成历史。过去种种，上自思想学术之大，下至一个字，一只山歌之细，都是历史，都属于国学研究的范围。

（二）怎样才是“注意系统的整理”呢？学问的进步不单靠积聚材料，还须有系统的整理。系统的整理可分三部说：

（甲）索引式的整理。不曾整理的材料，没有条理，不容易检寻，最能销磨学者有用的精神才力，最足阻碍学术的进步。若想学问进步增加速度，我们须想出法子来解放学者的精力，使他们的精力用在最经济的方面。例如一部《说文解字》，是最没有条理系统的；向来的学者差不多全靠记忆的苦工夫，方才能用这部书。但这种苦工夫是最不经济的；如果有人能把《说文》重新编制一番（部首依笔画，每部的字也依笔画），再加上一个检字的索引（略如《说文通检》或《说文易检》），那就可省许多无谓的时间与记忆力了。又如一部《二十四史》，有了一部《史姓韵编》，可以省多少精力与时间？清代的学者也有见到这一层的；如章学诚说：

窃以典籍浩繁，闻见有限；在博雅者且不能悉究无遗，况其下乎？校雠之先，宜尽取四库之藏，中外之籍，择其中之人名地名官阶书目，凡一切有名可治有数可稽者，略仿《佩文韵府》之例，悉编为韵；乃于本韵之下，注明原书出处及先后篇第；自一见再见，以至数千百，皆详注之；藏之馆中，以为群书之总类。至校书之时，遇有疑似之处，即名而求其编韵，因韵

清代学者戴震

而检其本书，参互错综，即可得其至是。此则渊博之儒穷毕生年力而不可究殚者，今即中才校勘可坐收于几席之间，非校雠之良法欤？（《校雠通义》）

当日的学者如朱筠、戴震等，都有这个见解，但这件事不容易做到，直到阮元得势力的时候，方才集合许多学者，合力做成一部空前的《经籍纂诂》，“展一韵而众字毕备，检一字而诸训皆存，寻一训而原书可识”（王引之序）；“即字而审其义，依韵而类其字，有本训，有转训，次叙布列，若网在纲”（钱大昕序）。这种书的功用，在于节省学者的功力，使学者不疲于功力之细碎，而省出精力来做更有用的事业。后来这一类的书被科场士子用作夹带的东西，用作抄窃的工具，所以有许多学者竟以用这种书为可耻的事。这是大错的。这一类“索引”式的整理，乃是系统的整理的最低而最不可少的一步；没有这一步的预备，国学止限于少数有天才而又有闲空工夫的少数人；并且这些少数人也要因功力的拖累而减少他们的成绩。偌大的事业，应该有许多人分担去做的，却落在少数人的肩膀上：这是国学所以不能发达的一个重要原因。所以我们主张，国学的系统的整理的第一步要提倡这种“索引”式的整理，把一切大部的书或不容易检查的书，一概编成索引，使人人能用古书。人人能用古书，是提倡国学的第一步。

（乙）结账式的整理。商人开店，到了年底，总要把这一年的账结算一次，要晓得前一年的盈亏和年底的存货，然后继续进行，做明年的生意。一种学术到了一个时期，也有总结账的必要。学术上结账的用处有两层：一是把这一种学术里已经不成问题的部分整理出来，交给社会；二是把那不能解决的部分特别提出来，引起学者的注意，使学者知道何处有隙可乘，有功可立，有困难可以征服。结账是（1）结束从前的成绩，（2）预备将来努力的新方向。前者是预备普及的，后者是预备继长增高的。古代结账的书，如李鼎祚的《周易集解》，如陆德明的《经典释文》，如唐、宋的《十三经注疏》，如朱熹的《四书》《诗集传》《易本义》等，所以都在后世发生很大的影响，全是这个道理。三百年来，学者都不肯轻易做这种结账的事业。二千四百多卷的《清经解》，除了极少数之外，都只是一堆“流水”烂账，没有条理，没有系统；人人从“粤若稽古”“关关雎鸠”说起，人人做的都是杂记式的稿本！怪不得学者看了要“望洋兴叹”了；怪不得国学有沦亡之忧了。我们试看科举时代投机的书坊肯费整年的工夫来编一部《皇清经解缩本编目》，便可以明白索引式的整理的需要；我们又看那时代的书坊肯费几年的工夫来编一部《皇清经解分经汇纂》，便又可以明白结账式的整理的需要了。现在学问的途径多了，学者的时间与精力更有经济的必要了。例如《诗经》，二千年研究的结果，究竟到了什么田地，很少人说得出的，只因为二千年的《诗经》烂账至今不曾有一次的总结算。宋人驳了汉人，清人推翻了宋人，自以为回到汉人：至今《诗经》的研究，音韵自音韵，训诂自训诂，异文自异文，序说自序说，各不相关连。少年的学者想要研究《诗经》的，伸头望一望，只看见一屋子的烂账簿，吓得吐舌缩不进去，只好叹口气，“算了罢！”《诗经》在今日所以渐渐无人过问，是少年人的罪过呢？还是《诗经》的专家的罪过呢？我们以为，我们若想少年学者研究《诗经》，我们应该把《诗经》这笔烂账结算一遍，造成一笔总账。《诗经》的总账里应该包括这四大项：

（A）异文的校勘：总结王应麟以来，直到陈乔枞、李富孙等校勘异文的账。

（B）古韵的考究：总结吴棫、朱熹、陈第、顾炎武以来考证古音的账。

（C）训诂：总结毛公、郑玄以来直到胡承珙、马瑞辰、陈奂，二千多年训诂的账。

（D）见解（序说）：总结《诗序》《诗辨妄》《诗集传》《伪诗传》，姚际恒、崔述、龚橙、方玉润……等二千年猜迷的账。

有了这一本总账，然后可以使大多数的学子容易踏进“《诗经》研究”之门：这是普及。入门之后，方才可以希望他们之中有些人出来继续研究那总账里未曾解决的悬账：这是提高。《诗经》如此，一切古书古学都是如此。我们试看前清用全力治经学，而经学的书不能流传于社会，倒是那几部用余力做的《墨子间诂》《荀子集解》《庄子集释》一类结账式的书流传最广。这不可以使我们觉悟结账式的整理的重要吗？

（丙）专史式的整理。索引式的整理是要使古书人人能用；结账式的整理是要使古书人人能读：这两项都只是提倡国学的设备。但我们在上文曾主张，国学的使命是要使大家懂得中国的过去的文化史；国学的方法是要用历史的眼光来整理一切过去文化的历史。国学的目的是要做成中国文化史。国学的系统的研究，要以此为归宿。一切国学的研究，无论时代古今，无论问题大小，都要朝着这一个大方向走。只有这个目的可以整统一切材料；只有这个任务可以容纳一切努力；只有这种眼光可以破除一切门户畛域。

我们理想中的国学研究，至少有这样的一个系统：

中国文化史：（一）民族史；（二）语言文字史；（三）经济史；（四）政治史；（五）国际交通史；（六）思想学术史；（七）宗教史；（八）文艺史；（九）风俗史；（十）制度史。这是一个总系统。历史不是一件人人能做的事；历史家须要有两种必不可少的能力：一是精密的功力，一是高远的想像。没有精密的功力，不能做搜求和评判史料的工夫；没有高远的想像力，不能构造历史的系统。况且中国这么大，历史这么长，材料这么多，除了分工合作之外，更无他种方法可以达到这个大目的。但我们又觉得，国故的材料太纷繁了，若不先做一番历史的整理工夫，初学的人实在无从下手，无从入门。后来的材料也无所统属；材料无所统属，是国学纷乱烦碎的重要原因。所以我们主张，应该分这几个步骤：

第一，用现在力所能搜集考定的材料，因陋就简的先做成各种专史，如经济史、文学史、哲学史、数学史、宗教史……之类。这是一些大间架，他们的用处只是要使现在和将来的材料有一个附丽的地方。

第二，专史之中，自然还可分子目，如经济史可分时代，又可分区域；如文学史哲学史可分时代，又可分宗派，又可专治一人；如宗教史可分时代，可专治一教，或一宗派，或一派中的一人。这种子目的研究是学问进步必不可少的条件。治国学的人应该各就“性之所近而力之所能勉者”，用历史的方法与眼光担任一部分的研究。子目的研究是专史修正的唯一源头，也是通史修正的唯一源头。

（三）怎样“博采参考比较的资料”呢？ 向来的学者误认“国学”的“国”字是国界的表示，所以不承认“比较的研究”的功用。最浅陋的是用“附会”来代替“比较”：他们说基督教是墨教的绪余，墨家的“巨子”即是“矩子”，而“矩子”即是十字架！……附会是我们应该排斥的，但比较的研究是我们应该提倡的。有许多现象，孤立的说来说去，总说不通，总说不明白；一有了比较，竟不须解释，自然明白了。例如一个“之”字，古人说来说去，总不明白；现在我们懂得西洋文法学上的术语，只须说某种“之”字是内动词（由是而之焉），某种是介词（贼夫人之子），某种是指物形容词（之子于归），某种是代名词的第三身用在目的位（爱之能勿劳乎），就都明白分明了。又如封建制度，向来被那方块头的分封说欺骗了，所以说来说去，总不明白；现在我们用欧洲中古的封建制度和日本的封建制度来比较，就容易明白了。音韵学上，比较的研究最有功效。用广东音可以考“侵”“覃”各韵的古音，可以考古代入声各韵的区别。近时西洋学者如 Karlgren，如Baron von Staël—Holstein，用梵文原本来对照汉文译音的文字，很可以帮助我们解决古音学上的许多困难问题。不但如此：日本语里，朝鲜语里，安南语里，都保存有中国古音可以供我们的参考比较。西藏文自唐朝以来，音读虽变了，而文字的拼法不曾变，更可以供我们的参考比较，也许可以帮助我们发现中国古音里有许多奇怪的复辅音呢。制度史上，这种比较的材料也极重要。懂得了西洋的议会制度史，我们更可以了解中国御史制度的性质与价值；懂得了欧美高等教育制度史，我们更能了解中国近一千年来的书院制度的性质与价值。哲学史上，这种比较的材料已发生很大的助力了。《墨子》里的《经上、下》诸篇，若没有印度因明学和欧洲哲学作参考，恐怕至今还是几篇无人能解的奇书。韩非，王莽，王安石，李贽……一班人，若没有西洋思想作比较，恐怕至今还是沉冤莫白。看惯了近世国家注重财政的趋势，自然不觉得李觏、王安石的政治思想的可怪了。懂得了近世社会主义的政策，自然不能不佩服王莽、王安石的见解和魄力了。《易·系辞传》里“易者，象也”的理论，得柏拉图的“法象论”的比较而更明白；荀卿书里“类不悖，虽久同理”的理论，得亚里士多德的“类不变论”的参考而更易懂。这都是明显的例。至于文学史上，小说戏曲近年忽然受学者的看重，民间俗歌近年渐渐引起学者的注意，都是和西洋文学接触比较的功效更不消说了。此外，如宗教的研究，民俗的研究，美术的研究，也都是不能不利用参考比较的材料的。

以上随便举的例，只是要说明比较参考的重要。我们现在治国学，必须要打破闭关孤立的态度，要存比较研究的虚心。第一，方法上，西洋学者研究古学的方法早已影响日本的学术界了，而我们还在冥行索涂的时期。我们此时应该虚心采用他们的科学的方法，补救我们没有条理系统的习惯。第二，材料上，欧美日本学术界有无数的成绩可以供我们的参考比较，可以给我们开无数新法门，可以给我们添无数借鉴的镜子。学术的大仇敌是孤陋寡闻；孤陋寡闻的唯一良药是博采参考比较的材料。

我们观察这三百年的古学史，研究这三百年的学者的缺陷，知道他们的缺陷都是可以补救的；我们又返观现在古学研究的趋势，明白了世界学者供给我们参考比较的好机会，所以我们对于国学的前途，不但不抱悲观，并且还抱无穷的乐观。我们认清了国学前途的黑暗与光明全靠我们努力的方向对不对。因此，我们提出这三个方向来做我们一班同志互相督责勉励的条件：

第一，用历史的眼光来扩大国学研究的范围。

第二，用系统的整理来部勒国学研究的资料。

第三，用比较的研究来帮助国学的材料的整理与解释。

治国学的方法

章太炎

一、辨书籍的真伪

对于古书没有明白哪一部是真，哪一部是伪，容易使我们走入迷途，所以研究国学第一步要辨书籍的真伪。

四部的中间，除了集部很少假的，其余经、史、子三部都包含着很多的伪书，而以子部为尤多。清代姚际恒《古今伪书考》，很指示我们一些途径。

先就经部讲：《尚书》现代通行本共有五十八篇，其中只有三十三篇是汉代时的“今文”所有，另二十五篇都是晋代梅颐所假造。这假造的《尚

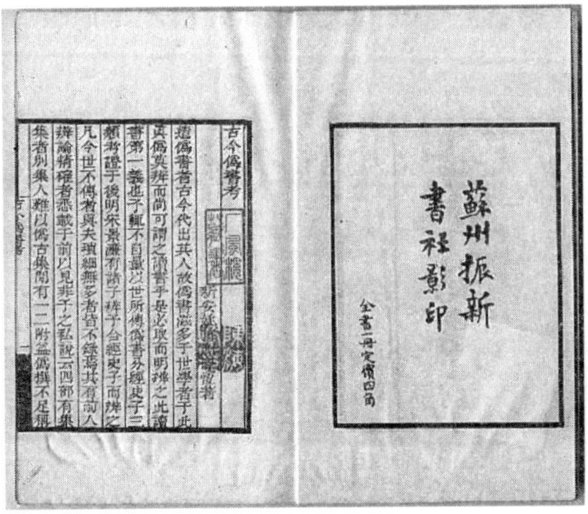

《古今伪书考》民国刊

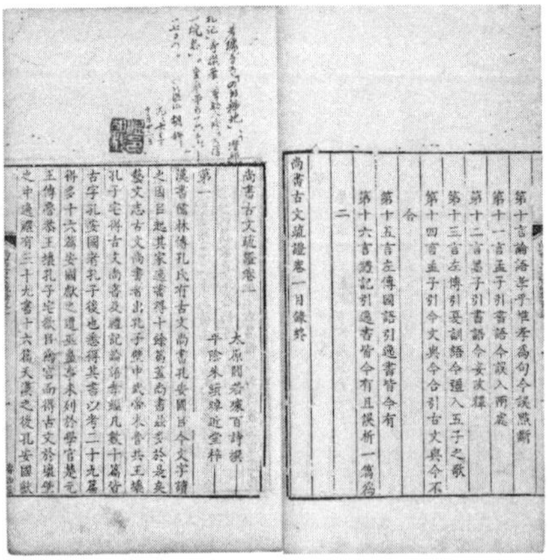

《尚书古文疏证》

书》，宋代朱熹已经怀疑他，但没曾寻出确证，直到清代，才明白地考出，却已雾迷了一千多年。

经中尚有为明代人所伪托，如《汉魏丛书》中的《子贡诗传》系出自明丰坊手。诠释经典之书，也有后人伪托，如孔安国《尚书传》《郑氏孝经注》《孟子孙奭疏》之类，都是晋代的作品。不过“伪古文尚书”和“伪孔传”，比较的有些价值，所以还引起一部分人一时间的信仰。

以史而论：正史没人敢假造，别史中就有伪书。《越绝书》，汉代袁康所造，而托名子贡。宋人假造《飞燕外传》《汉武内传》，而列入《汉魏丛书》。《竹书纪年》本是晋人所得，原已难辨真伪，而近代通行本，更非晋人原本，乃是明人伪造的了。

子部中伪书很多，现在举其最著者六种，前三种尚有价值，后三种则全不足信。

（一）《吴子》 此书中所载器具，多非当时所有，想是六朝产品。但从前科举时代把他当作“武经”，可见受骗已久。

（二）《文子》 《淮南子》为西汉时作品，而文子里面大部分抄自《淮南子》，可见本书系属伪托，已有人证明他是两晋六朝人做的。

（三）《列子》 信《列子》的人很多，这也因这本书做得不坏，很可动人的原故。须知列子这个人虽见于《史记·老庄列传》中，但书中所讲，多取材于佛经，“佛教”在东汉时始入中国，那能在前说到？我们用时代证他，已可水落石出。并且《列子》这书，汉人从未有引用一句，这也是一个明证。造《列子》的也是晋人。

（四）《关尹子》 这书无足论。

（五）《孔丛子》 这部书是三国时王肃所造。《孔子家语》一书也是他所造。

（六）《黄石公三略》 唐人所造。又《太公阴符经》一书，出现在《黄石公三略》之后，系唐人李筌所造。

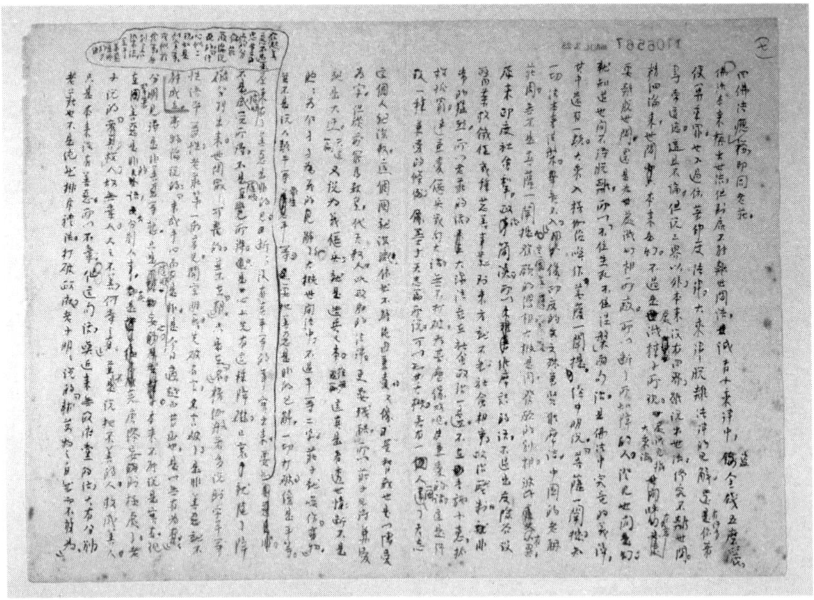

章太炎手稿

经、史、子三部中的伪书很多，以上不过举个大略。此外，更有原书是真而后人参加一部分进去的，这却不能疑他是假。《四子书》中有已被参入的。《史记》中也有，如《史记》中曾说及扬雄，扬在太史公之后，显系后人加入，但不能因此便疑《史记》是伪书。

总之，以假为真，我们就要陷入迷途，所以不可不辨别清楚。但反过来看，因为极少部分的假，就怀疑全部分，也是要使我们彷徨无所归宿的。如康有为以为汉以前的书都是伪的，都被王莽、刘歆改窜过，这话也只有他一个人这样说。我们如果相信他，便没有可读的古书了。

二、通小学

韩昌黎说："凡作文章宜略识字。"所谓"识字"，就是通小学的意思。作文章尚须略通小学，可见在现在研究古书，非通小学是无从下手的了。小学在古时，原不过是小学生识字的书，但到了现代，虽研究到六七十岁，还有不能尽通的。何以古易今难至于如此呢？这全是因古今语言变迁的缘故。现在的小学，是可以专门研究的，但我所说的“通小学”，却和专门研究不同，因为一方面要研究国学，所以只能略通大概了。

《尚书》中《盘庚》《洛诰》，在当时不过一种告示，现在我们读了，觉得“佶屈聱牙”，这也是因我们没懂当时的白话，所以如此。《汉书·艺文志》说：“《尚书》直言也。”直言就是白话。古书原都用当时的白话，但我们读《尚书》，觉得格外难懂，这或因《盘庚》《洛诰》等都是一方的土话，如殷朝建都在黄河以北，周朝建都在陕西，用的都是河北的土话，所以比较的不能明白。《汉书·艺文志》又说：“读《尚书》应用《尔雅》”，这因《尔雅》是铨释当时土话的书，所以《尚书》中于难解的地方，看了《尔雅》就可明白。

总之，读唐以前的书，都非研究些小学，不能完全明白。宋以后的文章和现在差不多，我们就能完全了解了。

研究小学有三法：

一、通音韵　古人用字，常同音相通，这大概和现在的人写别字一样。凡写别字都是同音的，不过古人写惯了的别字，现在不叫他写别字罢了。但古时同音的字，现在多不相同，所以更难明白。我们研究古书，要知道某字即某字之转讹，先要明白古时代的音韵。

二、明训诂　古时训某字为某义，后人更引申某义转为他义。可见古义较狭而少，后义较广而繁。我们如不明白古时的训诂，误以后义附会古义，就要弄错了。

三、辨形体　近体字中相像的，在篆文未必相像，所以我们要明古书某字的本形，以求古书某字的某义。

历来讲形体的书，是《说文》，讲训诂的是《尔雅》，讲音韵的书，是《音韵学》。如能把《说文》《尔雅》《音韵学》都有明确的观念，那么，研究国学就不至犯那“意误”“音误”“形误”等弊病了。

宋朱熹一生研究《五经》《四子》诸书，连寝食都不离，可是纠缠一世，仍弄不明白。实在，他在小学没有工夫，所以如此。清代毛西河事事和朱子反对，但他也不从小学下手，所以反对的论调，也都错了。可见通小学对于研究国学是极重要的一件事了。清代小学一门，大放异彩，他们所发见的新境域，着实不少！

三国以下的文章，十之八九我们能明了，其不能明了的部分，就须借助小学。唐代文家如韩昌黎、柳子厚的文章，虽是明白晓畅，却也有不能了解的地方。所以我说：看唐以前的文章，都要先研究一些小学。

桐城派也懂得小学，但比较的少用工夫，所以他们对于古书中不能明白的字，便不引用，这是消极的免除笑柄的办法，事实上总行不去的。

哲学一科，似乎可以不通小学，但必专凭自我的观察，由观察而发表自我的意思，和古人完全绝缘，那才可以不必研究小学。倘仍要凭藉古人，或引用古书，那么，不明白小学就要闹笑话了。比如朱文公研究理学（宋之理学即哲学），释“格物”为“穷至事物之理”，便召非议。在朱文公原以“格”可训为“来”，“来”可训为“至”，“至”可训为“极”，“极”可训为“穷”，就把“格物”训为“穷物”。可是训“格”为“来”是有理，辗转训“格”为“穷”，就是笑话了。又释“敬”为“主一无适”之谓（这原是程子说的），他的意思是把“适”训作“至”，不知古时“适”与“敌”通，《淮南子》中的主“无适”，所谓“无适”实是“无敌”之谓，“无适”乃“无敌对”的意义，所以说是“主一”。

所以研究国学，无论读古书或治文学哲学，通小学都是一件紧要的事。

三、明地理

近顷所谓地理，包含地质、地文、地志三项，原须专门研究的。中国本来的地理，算不得独立的科学，只不过做别几种（史、经）的助手，也没曾研究到地质、地文的。我们现在要研究国学，所需要的也只是地志，且把地志讲一讲。

地志可分两项：天然的和人为的。天然的就是山川脉络之类。山自古至今，没曾变更。大川若黄河，虽有多次变更，我们在历史上可以明白考出，所以，关于天然的，比较地容易研究。人为的就是郡县建置之类。古来封建制度至秦改为郡县制度，已是变迁极大，数千年来，一变再变，也不知经过多少更张。那秦汉时代所置的郡，现在还能大略考出，所置的县就有些模糊了；战国时各国的地界，也还可以大致考出，而各国战争的地点和后来楚汉战争的地点，却也很不明白了。所以，人为的比较地难以研究。

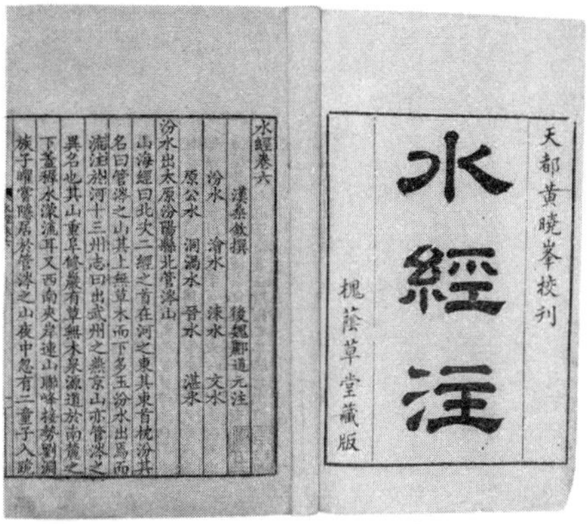

《水经注》

历来研究天然的，在乾隆时有《水道提纲》一书。书中讲山的地方甚少，关于水道，到现在也变更了许多，不过大致是对的。在《水道提纲》以前，原有《水经注》一书，这书是北魏人所著，事实上已用不着，只文采丰富，可当古董看罢了。研究人为的，有《读史方舆纪要》和《乾隆府厅州县志》。民国代兴，废府留县，新置的县也不少，因此更大有出入。在《方舆纪要》和《府厅州县志》以前，唐人有《元和郡县志》，也是研究人为的，只是欠分明。另外还有《大清一统志》《李申耆五种》，其中却有直截明了的记载，我们应该看的。

我们研究国学，所以要研究地理者，原是因为对于地理没有明白的观念，看古书就有许多不能懂。譬如看到春秋战国的战争和楚汉战争，史书上已载明谁胜谁败，但所以胜所以败的原因，关于形势的很多，就和地理有关了。

二十四史中，古史倒还可以明白，最难研究的，要推《南北史》和《元史》。东晋以后，五胡闯入内地，北方的人士多数南迁。他们数千人所住的地，就侨置一州，侨置的地方，大都在现在镇江左近，因此有南通州、南青州、南冀州的地名产生。我们研究《南史》，对于侨置的地名，实在容易混错。元人灭宋，统一中国，在二十四史就有《元史》的位置。元帝成吉思汗拓展地域很广，关于西伯利亚和欧洲东部的地志，《元史》也有阑入，因此使我们读者发生困难。关于《元史地志》有《元史译文证补》一书，因著者博证海外，故大致不错。

不明白地理而研究国学，普通要发生三种谬误。南北朝时南北很隔绝。北魏人著《水经注》，对于北方地势，还能正确，记述南方的地志，就错误很多。南宋时对于北方大都模糊，所以福建人郑樵所著《通志》，也错得很多。——这是臆测的谬误。中国土地寥阔，地名相同的很多，有人就因此纠缠不清。——这是纠缠的错误。古书中称某地和某地相近，往往考诸实际，相距却是甚远。例如：诸葛亮五月渡泸一事，是大家普通知道的，泸水就是现今金沙江，诸葛亮所渡的地，就是现在四川宁远。后人因为唐代曾在四川置泸州，大家就以为诸葛亮五月渡泸是在此地，其实相去千里，岂非大错吗？——这是意会的错误。至于河阴、河阳当在黄河南北，但水道已改，地名还是仍旧，也容易舛错的。

我在上节曾讲过“通小学”，现在又讲到“明地理”，本来还有“典章制度”也是应该提出的，所以不提出者，是因各朝的典章制度，史书上多已载明，无以今证古的必要。我们看哪一朝史知道哪一朝的典章制度就够了。

四、知古今人情的变迁

社会更迭地变换，物质方面继续地进步，那人情风俗也随着变迁，不能拘泥在一种情形的。如若不明白这变迁的理，要产生两种谬误的观念。

一、道学先生看做道德是永久不变，把古人的道德，比做日月经天，江河行地，墨守而不敢违背。

二、近代矫枉过正的青年，以为古代的道德是野蛮道德。原来道德可分二部分：普通伦理和社会道德。前者是不变的，后者是随着环境变更的。当政治制度变迁的时候，风俗就因此改易，那社会道德是要适应了这制度这风俗才行。古今人情的变迁，有许多是我们应该注意的！

第一，封建时代的道德，是近于贵族的；郡县时代的道德，是近于平民的。这是比较而说的。《大学》有“欲治其国者，先齐其家”一语，《传》第九章里有“其家不可教而能教人者，无之”一语，这明是封建时代的道德。我们且看唐太宗的历史，他的治国，成绩却不坏，世称贞观之治，但他的家庭，却糟极了，杀兄，纳弟媳。这岂不是把《大学》的话根本打破吗？要知古代的家和后世的家大不相同。古代的家，并不只包含父子夫妻兄弟这等人，差不多和小国一样，所以孟子说：“千乘之家百乘之家。”在那种制度县之下，《大学》里的话自然不错，那不能治理一县的人，自然不能治理一省了。

第二，古代对于保家的人，不管他是否尸位素餐，都很恭维。史家论事，对于那人因为犯事而灭家，不问他所做的是否正当，都没有一句褒奖。《左转》里已是如此，后来《史》《汉》也是如此。晁错创议灭七国，对于汉确是尽忠，但因此夷三族，就使史家对他生怪了。大概古代爱家和现代爱国的概念一样，那亡家也和亡国一样，所以保家是大家同情的。这种观念，到汉末已稍稍衰落，六朝又复盛了。

第三，贵族制度和现在土司差不多，只比较的文明一些。凡是王家的人，和王的本身一样看待。他的兄弟在王去位的时代都有承袭的权利。我们看《尚书》到周公代成王摄政，觉得很可怪。他在摄政时代，也俨然称王。在《康诰》里有“王若曰孟侯朕其弟小子封”的话，这王明是指周公。后来成王年长亲政，他又可以把王号取消。《春秋》记隐公、桓公的事，也是如此。这种摄政可称王，退位可取消的情形，到后世便不行。后世原也有兄代弟位的，如明英宗被掳、景泰帝代行政事等。但代权几年，却不许称王；既称王，却不许取消的。宋人解释《尚书》，对于这些没有注意到，所以强为解释，反而愈释愈使人不能解了。

第四，古代大夫的家臣，和天子的诸侯一样，凡是家臣对于主人有绝对服从的义务。这种制度，西汉已是衰落一些，东汉又复兴盛起来。功曹、别驾都是州郡的属官。这种属官，既要奔丧，还要服丧三年，俨有君臣之分。三国时代的曹操、刘备、孙权，他们虽未称王，但他属下的官对于他都是皇帝一般看待的。

第五，丁忧去官一件事在汉末很通行，非但是父母三年之丧要丁忧，就是兄弟姊妹期功服之丧也要丁忧。陶渊明诗有说及奔妹丧的，潘安仁《悼亡诗》也有说及奔丧的，可见丁忧的风在那时很盛。唐时此风渐息，到明代把他定在律令，除了父母丧不必去官。

总之，道德本无所谓是非，在那种环境里产生适应的道德，在那时如此便够了。我们既不可以古论今，也不可以今论古。

1936年章门弟子的合影

五、辨文学应用

文学的派别很多，梁刘勰所著《文心雕龙》一书，已明白罗列，关于这项，将来再仔细讨论，现在只把不能更改的文体讲一讲。

文学可分二项：有韵的谓之诗，无韵的谓之文。文有骈体、散体的区别，历来两派的争执很激烈：自从韩退之崛起，推翻骈体，后来散体的声势很大。宋人就把古代经典都是散体，何必用骈体做宣扬的旗帜。清代阮芸台起而推倒散体，抬出孔老夫子来，说孔子在《易经》里所著的文言系辞，都是骈体的。实在这种争执，都是无谓的。

依我看来，凡简单叙一事不能不用散文，如兼叙多人多事，就非骈体不能提纲。以《礼记》而论，同是周公所著，但《周礼》用骈体，《仪礼》却用散体，这因事实上非如此不可的。《仪礼》中说的是起居跪拜之节，要想用骈也无从下手。更如孔子著《易经》用骈，著《春秋》就用散，也是一理。实在，散、骈各有专用，可并存而不能偏废。凡列举纲目的以用骈为醒目，譬如我讲演“国学”列举各项子目，也便是骈体。秦汉以后，若司马相如、邹阳、枚乘等的骈文，了然可明白。他们用以序叙繁杂的事，的确是不错。后来诏诰都用四六，判案亦有用四六的（唐宋之间，有《龙筋凤髓判》），这真是太无谓了。

凡称之为诗，都要有韵，有韵方能传达情感。现在白话诗不用韵，即使也有美感，只应归入散文，不必算诗。日本和尚娶妻食肉，我曾说他们可称居士等等，何必称做和尚呢？诗何以要有韵呢？这是自然的趋势。诗歌本来脱口而出，自有天然的风韵，这种韵，可达那神妙的意思。你看，动物中不能言语，他们专以幽美的声调传达彼等的感情，可见诗是必要有韵的。“诗言志，歌永言，声依咏，律和声”，这几句话，是大家知道的。我们仔细讲起来，也证明诗是必要韵的。我们更看现今戏子所唱的二黄西皮，文理上很不通，但彼等也因有韵的原故。

白话记述，古时素来有的，《尚书》的诏诰全是当时的白话，汉代的手诏，差不多亦是当时的白话，经史所载更多照实写出的《尚书·顾命篇》有“奠丽陈教则肄肄不违”一语，从前都没能解这两个“肄”字的用意，到清代江艮庭始说明多一“肄”字，乃直写当时病人垂危舌本强大的口吻。《汉书》记周昌“臣期期不奉诏”“臣期期知其不可”等语，两“期期”字也是直写周昌口吃。但现在的白话文只是使人易解，能曲传真相却也未必。“语录”皆白话体，原始自佛家，宋代名儒如二程、朱、陆亦皆有语录，但二程为河南人，朱子福建人，陆象山江西人，如果各传真相，应所纪各异，何以语录皆同一体例呢？我尝说，假如李石曾、蔡孑民、吴稚晖三先生会谈，而令人笔录，则李讲官话，蔡讲绍兴话，吴讲无锡话，便应大不相同，但记成白话文却又一样。所以说白话文能尽传口语的真相，亦未必是确实的。

国学之进步

章太炎

中国学术，除文学不能有绝对的完成外，其余的到了清代，已渐渐告成，告一结束。清末诸儒，若曾国藩、张之洞辈都以为一切学问，已被前人说尽，到了清代，可说是登峰造极，后人只好追随其后，决不再能超过了。我以为后人仅欲得国学中的普通学识，则能够研究前人所已发明的，可算已足，假使要求真正学问，怕还不足罢！即以“考据”而论，清代成就虽多，我们依着他们的成规，引而伸之，也还可以求得许多的知识。在他们的成规以外，未始没有别的途径可寻，那蕴蓄着未开辟的精金正多呢!总之，我们若不故步自封，欲自成一家言，非但守着古人所发明的于我未足，即依律引申，也非我愿，必须别创新律，高出古人才满足心愿。这便是进步之机。

我对于国学求进步之点有三：

一、经学　以比类知原求进步。

二、哲学　以直观自得求进步。

三、文学　以发情止义求进步。——毕竟讲来，文学要求进步，恐怕难能呢？

清代治经学较历代为尤精，我在讲经学之派别时已经讲过。我们就旧有成规再加讲讨，原也是个方法。不过“温故知新”仅“足以为师”，不足语于进步。我们治经必须比类知原，才有进步。因前人治经，若宋、明的讲大体，未免流于臆测妄断；若清代的订训诂，又仅求一字的妥当，一句的讲明，一制的考明，“擘绩补苴”，不甚得大体。我们生在清后，那经典上的疑难，已由前人剖析明白，可让我们融会贯通再讲大体了。

从根本上讲，经史是决不可以分的。经是古代的历史，也可以说是断代史。我们治史，当然要先看通史，再治断代的史，才有效果，若专治断代史，效果是很微细的。治经，不先治通史，治经不和通史融通，其弊与专治断代史等，如何能得利益？前人正犯此病。所以我主张比类求原，以求经史的融会，以谋经学的进步。如何是比类求原？待我说来！经典中的《尚书》《春秋》，是后代“编年”“纪传”两体之先源。刘知幾曾说“记传”是源于《尚书》，“编年”是源于《春秋》，章学诚也曾说后代诸史皆本于《春秋》。这二人主张虽不同，我们考诸事实，诸史也不尽同于《尚书》《春秋》，而诸史滥觞于彼，是毫无疑义的。所以治经：对于“制度”，下则求诸《六典》《会典》诸书，上以归之于《周礼》《仪礼》。对于地理，下则考诸史及地舆志，上以归之于《禹贡》及《周礼·职方志》。即风俗道德，亦从后代记载上来源于经典。总之，把经看作古代的历史，用以参考后世种种的变迁，于其中看明古今变迁的中心。那么，经学家最忌的武断，琐屑二病，都可免除了。未来所新见的，也非今日所可限量呢！

章太炎

中国哲学在晋代为清谈，只有口说，讲来讲去，总无证据。在宋、明为理学，有道学问、尊德性之分，自己却渐有所证。在清代专在文字上求，以此无专长者，若戴东原著《孟子字义疏证》，阮芸台讲性命，陈兰甫著《汉儒通义》，也仅在文字上求、训诂上求，有何可取！要知哲理非但求之训诂为无用，即一理为人人所共明而未证之于心，也还没有用处的，必须直观自得，才是真正的功夫。王阳明辈内证于心，功夫深浅各有不同，所得见解，也彼此歧异，这也是事实上必有的。理，仿佛是目的地，各人所由的路，既不能尽同，所见的理，也必不能尽同；不尽同和根源上并无不合呢！佛家内证功夫最精深，那些堕落的就专在语言文字上讲了。西洋哲学，文字虽精，仍是想象如此，未能证之于心，一无根据，还不能到宋学的地步，所以彼此立论，竟可各走极端的。这有理论无事实的学问，讲习而外，一无可用了！近代法国哲学家柏格森渐注重直觉，和直观自得有些相近了。总之，讲哲理决不可像天文家讲日与地球的距离一样，测成某距离为已精确了。因为日的距离，是事实上决不能量，只能用理论推测的，那心像是在吾人的精神界，自己应该觉得的。所以，不能直观自得，并非真正的哲理，治哲学不能直观自得便不能进步。

文学如何能求进步？我以为要“发情止义”。何为发情止义？如下述：“发情止义”一语，出于《诗序》。彼所谓“情”是喜怒哀乐的“情”，所谓“义”是礼义的“义”。我引这语是把彼的意义再推广之：“情”是“心所欲言，不得不言”的意思，“义”就是“作文的法度”。桐城派的文章，并非没有法度，但我们细读一过，总觉得无味，这便因他们的文，虽止乎义，却非发乎情。他们所作游记论文，也不过试试自己的笔墨罢了。王渔洋的诗，法度非不合，但不能引人兴趣，也因他偶到一处，即作一诗，仿佛日记一般，并非有所为而作的。清初侯方域、魏叔子以明代遗民，心有不平，发于文章，非无感情，但又绝无法度。明末大儒黄梨洲、王船山，学问虽博，虽有兴亡感慨；但黄文既不类白话，又不类语录，又不类讲章，只可说是像批语，王船山非常生硬，又非故意如此，都可说是不上轨道的。所以文学非但要“止乎义”，还要“发乎情”。那初作文，仅有法度，并无情，用以练习则可，用以传世则不可，仿佛习字用九宫格临帖，是不可以留后的。韩昌黎自以为因文生道，顾亭林对于这话有所批评。实在昌黎之文，并非无情无义，若《书张中丞传后》，自是千古必传的，可惜他所作碑志太多，就多止于义不发于情的了。苏东坡的史论，有故意翻案的，有不必作的，和场屋（应试）文一般，也非发于情之作。古文中非无此流，比较的少一些。诗关于情更深，因为诗专以写性情为主的。若过一处风景，即写一诗，诗如何能佳？宋代苏、黄的诗，就犯此病。苏境遇不佳，诗中写抑郁不平的还多，而随便应酬的诗也很多，就损失他的价值了。唐代杜工部身遇乱世，又很穷困，诗中有情之作，可居半数，其他也不免到一处写一首的。杜以前诸诗家，很少无情之作，即王、孟也首首有情的。至古代诗若《大风歌》《扶风歌》全是真性情流出，一首便可传了！

诗文二项中：文有有法无情的，也有无法有情的；诗却有情无法少，有法无情多；近代诗虽浅鄙，但非出乎轨外。我们学文学诗，初步当然要从法上走，然后从情创出。那初步即欲文学太史公，诗学李太白的，可称狂妄之人呢！我们还要知文学作品忌多，太多必有无情之作，不足贵了。

二三十年前，讲文学，只怕无情，不怕无义。梁任公说我是正统派，这正统派便能不背规则的。在现在有情既少，益以无义，文学衰堕极了。我们若要求进步，在今日非从“发情止义”下手不可。能发情止义，虽不必有超过古人之望，但诗或可超过宋以下诸诗家，文或可超过清以下诸文家！努力！

量守庐请业记

黄侃

国学之道

第一记

一、音韵

黄侃

音韵之学可分三部，一曰音史，二曰音理，三曰音证。音理最为艰深，暂宜从略。音史始于表谱之学，如《切韵指掌图》《七音略》等书是也。惟每易令人茫昧，初学宜先读下列诸书：

顾亭林《唐韵正》、胡秉虔《古韵论》、莫子偲《音韵源流》、龙启瑞《古韵通说》（以上音史）。

顾亭林《音学五书》、段玉裁《说文解字注》、冯桂芬《说文段注考证》（此书于段注极有功，类似索引）、王念孙《广雅疏证》（此书合音韵训诂而为一）、郝懿行《尔雅义疏》（以上入门之书）。

二、《说文》

《说文》中“象”字“说”字下是解说，“也”字以上是所以解说。《说文》之解说，必关形体。字书之编制有分类法者，自许叔重始。而许氏之功，尤在以部首领群字。至于“蒙次”之法，不必深究。然五百四十部未尝不能增减，《玉篇》即其一例。江慎修曾谓卅六字断不可增减一字，乃为明末一般好事增减之徒言之。《说文》部首之不可增减，亦所以为好事增减者言之也。

三、读经之法

读经次第应先《诗》疏，次《礼记》疏。读《诗》疏，一可以得名物训诂，二可通文法（较读近人《马氏文通》高百倍矣）。《礼》疏以后，泛览《左传》《尚书》《周礼》《仪礼》诸疏，而《谷》《公》二疏为最要，《易》疏则高头讲章而已。陆德明《经典释文》宜时事翻阅，注疏之妙，在不放过经文一字。

四、读史之法

二十四史中，《史》《汉》《国志》《新唐书》属于“质”之一类，余皆“文”也。《后汉书》文近碑板，其中改窜东汉人文字甚伙，看此书时，参观袁宏《后汉纪》，藉睹其嬗蜕之迹。《三国志》例最谨严，较班固尤过之。裴注极多，反嫌繁复，读时可仅看陈氏本文，求其史例及文法。

五、读《文选》法

《文选》采择殊精，都为名作。《文选》之学有二，一曰“文选学”，二曰“文选注学”。吾辈可舍注学而不讲求，否则有床上架床，屋上架屋之弊。读《文选》时，应择三四十篇熟诵之，余文可分两步功夫。（甲）记字：一曰记艰涩不常见之字，二曰记最恰当之字。（乙）记句：至少须有千百句镕裁于胸，得其神髓局度，例如《高唐》《神女》两篇，则更为枚乘、司马相如二大家之所祖述。至于韩愈《平淮西碑》，亦模拟《难蜀父老》而成也。《文选》不必拘于体例，表章亦犹书疏，皆繁乎情也。《阿房宫赋》末段并韵而无之，颇类《秦论》。《赤壁》两赋及《春醪赋》、《秋声赋》，皆赋中变体，与汉赋不同。读《文选》一书，不如兼及《晋书》、《南北史》。史载之文，非其文佳妙，即与史事有关耳。读《文选》后，当读《唐文粹》，以化其整滞。

六、基本书籍

《十三经注疏》《大戴礼记》《荀子》（不读《荀子》，不能明礼）《庄子》（不读《庄子》，不能明理）《史记》《汉书》（不读《史》《汉》，不能治经，反之亦然）《资治通鉴》（不徒事实详赡，文亦极佳）《通典》（不读《通典》，不能治《仪礼》）《文选》《文心雕龙》《说文》《广韵》。以上诸书，须趁三十岁以前读毕，收获如盗寇之将至；然持之有恒，七八年间亦可卒业。

读书贵专不贵博，未毕一书，不阅他书。廿岁以上，卅岁以内，须有相当成就；否则性懦者流为颓废，强梁者化为妄诞。用功之法，每人至少应圈点书籍五部。

读书宜注意三事：（甲）有定——时有定限，学有定程；（乙）有恒——不使一己生厌倦之心，而养成不能厌倦之习，不稍宽假，虽有间断，必须补作；（丙）爱惜身体——此为用功之本。诚如是，则二十年内不患不成矣。今值中国学术转变之交，学者宜注意三点：一、尽废时人之书；二、不事目录之学；三、缓言参考之说。学问不必在于分类，有形之物，固不可并；无形之理，亦何可泥？但求其大体而已。

刘申叔先生云，两部《皇清经解》中，可存之书不多，足征著述不易流传。无注之书，使其有注；有注之书，则淘汰之。“学术”二字应解为“术由师授，学自己成”。戴东原学术提纲挈领之功为多，未遑精密。其弟子若段懋堂、孔广森、王念孙，靡不过之。阎若璩六十始见注疏（见《尚书疏证》）；钱竹汀四十之初睹《说文》（见其年谱）；王闿运五十方阅《本草纲目》（见其日记）。学能专精，虽迟固无害也。初学如小儿须赖扶持，稍长能自立矣。三四十以后，不惟自立，父母有过，可事诤谏，则师说之误，亦得而修正之。（席群按：季刚师在音韵方面，曾修正太炎先生之古音分部法。）

第二记

一、（古）音韵

十九声类终无可分之理。余用戴东原之说，将入声分出，增太炎师二十三部为二十八部，颇有八九可靠。古有一四类音，而无二三等音。发音机关喉舌齿唇而已，然古音不可无故而消灭；今音不可无故而产生。古之语言不可造，名词之类，则随事而增，不在此例。余近年授音韵学，以《等韵》及《切韵考》为主。若江慎修之《音学辨微》，亦不可笃信。盖所谓“辨微”者，辨江君一人之微耳，非天下人之微也。总之，音韵之事以口说为始，记忆为终。

《郑志》云：既知今，亦当知古，不可泥也。

二、小学

看《说文段注》，应参看《段注匡谬》《段注考证》《段注补订》三书，而《段注》尤为入经之资。由小学入经，出经入史，期以十年，必可成就。《说文》一书，兼音形义。义从音生，忽于音者，必忽于义。如《毛诗》“周行”二字，作“周之行列”解，则读如杭；作“忠信之道”解，则应读本字本音。

三、经学

《毛诗》分经、传、笺、疏四种。若单就本文任意解说，可人持一说，人生一意。如近人以“寝庙”为“寝室”，是执今意以解古人之文字，未有不荒谬绝伦、令人喷饭者。诗所以可以言，盖在立言有法，非任性言之也。《毛传》之价值的等于《左传》《公羊传》。夹衣不可无里，则经不可无传也明矣。《郑笺》亦不易明，有看似易知，而实不易知者。注之妙用，在不肯放过一字、放过一事；虽有纰谬，亦必究其致谬之原。陈硕甫《毛诗传疏》，专用西汉之说，不主《郑笺》，极谬！譬之犹讲唐诗而薄宋诗，可乎？至若今古文虽同时，却不可通，故治经必须笃守师说，虽文义了然，若无师说，亦必谬误。先之以训诂，继之以文义，文义既清，而后比较其说，观其会通。

读注疏，非贯通全疏，不能了然。北方学者，不读全经（见《日知录》），故纪晓岚讲《穀梁》，致误为西汉人所作，盖宗东原之说，以《公羊传》比较而来，不知《穀梁》本系穀梁赤所自为，范注已明言之。如董仲舒所讲《公羊》，则得诸口授，未有传书。纪氏又谓：至公观鱼于棠一条、葬桓王一条、杞伯来逆叔姬之丧以归一条、曹伯庐卒于师一条、天王杀其弟佞夫一条，皆冠以“传曰”字，惟桓王一条与《左传》合，余皆不知所引何传。疑宁（按即范宁）以传附经之时，每条皆冠以“传曰”字，如郑元、王弼之易，有“彖曰”“象曰”之例，后传写者删之。此五条其削除未尽者也。（见《四库全书总目》卷廿六）不知凡“传曰”皆穀梁赤自传之辞，其说见隐公八年注，隐公只看九年之注，而未上及八年，乃成此谬。可知读注疏不贯全文，不能发其蕴积也。

四、史学

治史之要，以人、地、官、年为入门之基；四者亦即历史之小学也。譬诸《左传》，公子吕、子封即一人，说见《世本》，若不细看，鲜有不认为两人者。至若地理，则当识其大者，如历代之沿革变迁，其府县州厅之名，自当查看，不烦强记也。如《史记索隐》《正义》，文多不通，其所以存者，以地理可看耳。

读《晋书》，当参看近人吴絅斋《晋书斠注》；然吴注多取资汤球，而全书不见汤名，迹近剽窃。梁章巨所著书，多系从人售来者，如《文选旁证》《三国志旁证》，皆非自撰。其自撰者只《浪迹丛谈》一书，较前二者迥不类矣。赵云崧史学甚笃实，而经学极谬，然余敢断言其《二十二史札记》决非剽窃。

五、泛论

小学之事在乎通，经学之事在乎专，故小学训诂宜自本文求之，而经文则自注疏求之。士大夫多有以《三国演义》为《三国志》者，故《三国演义》之误人，较《红楼》《水浒》尤过百倍，以其淆乱史事也。

人生一念之明，等于远处一灯，非暗室一灯。

我们怎样研究《诗经》

傅斯年

我们去研究《诗经》应当有三个态度，一、欣赏它的文辞；二、拿它当一堆极有价值的历史材料去整理；三、拿它当一部极有价值的古代言语学材料书。但欣赏文辞之先，总要先去搜寻它究竟是怎样一部书，所以言语学、考证学的工夫乃是基本工夫。我们承受近代大师给我们训诂学上的解决，充分地用朱文公等就本文以求本义之态度，于《毛序》《毛传》《郑笺》中寻求今本《诗经》之原始，于三家《诗》之遗说、遗文中得知早年

《诗经》中的植物——卷耳和芣苢

《诗经》学之面目，探出些有价值的早年传说来，而一切以本文为断，只拿它当做古代留遗的文辞，既不涉伦理，也不谈政治，这样似乎才可以济事。约之为纲如下：

一、先在《诗》本文中求《诗》义。

二、一切传说自《左传》《论语》起，不管三家《毛诗》，或宋儒近儒说，均须以本文折之。其与本文合者，从之；不合者，舍之；暂若不相干者，存之。

三、声音、训诂、语词、名物之学，继近儒之工作而努力，以求奠《诗经》学之真根基。

四、礼乐制度，因《仪礼》《礼记》《周礼》等书，现在全未以科学方法整理过，诸子传说，亦未分析清楚，此等题目目下少谈为妙，留待后来。

匆匆拟《诗经》研究题目十事，备诸君有意作此工作者留意。

一、古代《诗》异文辑

宋刻本异文，诸家校勘记已详；石经异文，亦若考尽；四家异文，陈氏父子所辑略尽；然经传引《诗经》处，参差最多，此乃最有价值之参差，但目下尚无辑之者。又汉儒写经，多以当时书改之，而古文学又属“向壁虚造”，若能据金石刻文校出若干原字，乃一最佳之工作。例如今本《小雅》中“我车既攻”，《石鼓文》作“吾车既攻”，“吾”“我”两字作用全不同，胡珂各有考证。而工字加了偏旁。汉儒加偏旁以分字，所分未必是，故依之每致误会。

二、三家《诗》通谊说

三家《诗》正如《公羊春秋》，乃系统的政治伦理学，如不寻其通谊，

阅读中的傅斯年

如孔庄诸君出于《公羊》学，便不得知三家《诗》在汉世之作用。陈恭甫父子所辑材料，既可备用，参以汉时政刑礼乐之论，容可得其一二纲领，这是经学史上一大题目。魏默深在此题中之工作，粗疏主观，多不足据。

三、《毛诗》说旁证

依《毛诗》为注者，多为《毛序》《毛传》《郑笺》考信，此是家法之陋，非我等今日客观以治历史语言材料之术。毛氏说如何与古文经若《左传》《周礼》《尔雅》等印证，寻其端绪之后，或可定《毛诗》如何成立，古文学在汉末新朝如何演成。我等今日岂可再为“毛、郑功臣”？然后代经学史之大题，颇可为研究之科目。

四、宋代论《诗》新说述类

宋代新《诗》说有极精辟者，清儒不逮，删《序》诸说，风义刺义诸论，能见其大。若将自欧阳永叔以来之说辑之，必更有胜义，可以拾检，而宋人思想亦可暂得其一部。

五、毛公独标兴体说

六诗之说，纯是《周官》作祟，举不相涉之六事，合成之以成秦汉之神圣数（始皇始改数用六）。赋当即屈、宋、荀、陆之赋，比当即辩（章太炎君说），若兴乃所谓起兴，以原调中现成的开头一两句为起兴，其下乃是新辞，汉乐府至现代歌谣均仍存此体，顾颉刚先生曾为一论甚精。今可取《毛传》所标兴体与后代文词校之，当得见此体之作用。

六、证《诗三百》篇中有无方言的差别？如有之，其差别若何？

历来论古昔者，不以方音为观点之一，故每混乱。我们现在有珂罗倔伦君整理出来的一部《广韵》，有若干名家整理的《诗经韵》，两个中间差一千年；若就扬子云《方言》为其中间之阶，看《诗经》用韵有循列国方言为变化者否？此功若成，所得必大。

七、《诗》地理考证补

王伯厚考《诗》地理，所据不丰；然我等今日工作，所据材料较前多矣，必有增于前人之功者。《诗》学最大题目为地理与时代，康成见及此，故作《诗谱》，其叙云："欲知源流清浊之所处，则其上下而有之（此以国别）；欲知风化芳臭气泽之所及，则旁行而观之（此以时分）：此《诗》之大纲也。举一纲而万目张，解一卷而众篇明。"先生之志则大矣，先生之结果则不可。康成实不知地理，不能考时代，此乃我等今日之工作耳。从《水

傅斯年（左）与（中）胡适、胡祖望（右）合影

经注》入手，当是善法，丁山先生云。

八、《诗经》中语词研究

《诗经》中语词最有研究之价值，然王氏父子但知其合，不求其分。如语词之“言”，有在动词上者，有在动词下者，有与其他语词合者。如证其如何分，乃知其如何用。

九、《诗》中成语研究

即海宁王静安氏所举之题。《诗》中成语多，如“亦孔子”“不显”（即丕显）等。但就单词释诂训者，所失多矣。

《诗》中晦语研究

《诗》中有若干字至今尚全未得其着落者，如时字之在“时夏”“时周”“不时”，及《论语》之“时哉时哉”，此与时常训全不相干，当含美善之义，而不得其确切。读《诗》时宜随时记下，以备考核。

十、抄出《诗》三百五篇中史料

《书经》是史而多诬，《诗经》非史而包含史之真材料，如尽抄出之，必可资考定。

略论读史之法

章太炎

读史之法，一时言之不尽。今略论其大概，分三层言之：先明史之大体，次论史之优劣，三示读史之宜忌。

一、史之大体

自古相传，动则左史书之，言则右史书之。言为《尚书》，事为《春秋》。其实不然。《春秋》经文固是纪事，《尚书》则不专纪言，纪事之处亦多，特是未成之史。所谓史料者尔。《尚书》之外有《逸周书》，与《尚书》性质相同，纪事而亦纪言，要皆未经编次之史料也。

《春秋》与《左传》为表里。《左传》兼备事言，是故拘于事言之分，正未必然。后人论史，以纪传之体为正史，编年之体为古史。论其性质，则本纪仍为编年，惟与《春秋》不甚同耳。无本纪，编年不能成。史公作本纪，复作表以辅之，年经月纬，较《春秋》为详。

纪表之外，有世家，有列传。世家惟《史记》可有之，后不当有。列传变《春秋》之体，《春秋》以事为主，列传以人为主也。《史记》之八书与他史之志，职官等于《周礼》《礼志》等于《仪礼》，《天官》《地理》，古所未有。

《禹贡》虽略载山川，而不详郡国。《乐志》详载郊祀歌，体类《诗经》。盖马、班之意，在隐括六经之旨而成文。故于《书》《诗》《礼》《乐》无所不该。论其大体，则主于《春秋》也。

后人以为纪传之体不主于事，而主于人，于是有繁省不明之弊，如“语在《项籍传》”“语在《高祖纪》”，参差回互，缴绕不清。故荀悦、袁宏仍有编年之作。编年之史，在昔只有《春秋》而已。刘知幾谓凡纪言之文，应别立一种。然不善编排，史籍将变为文集。章实斋以之修志，此为好奇，未可法也。

世家之体，原本封建。封建既废，即无所谓世家。载记之名，较世家为妥，始于《东观汉纪》，记光武初群雄并起之事。当时群雄皆各称帝以号召，故不应称曰世家。然陈涉之事，及身而止，亦不应称世家。如称载记，与晋十七国之事相同，即无可非议。

《史记》无载记之名，欧阳修重作《五代史》，壹以史公为法，于南唐、前后蜀、南东汉、楚、闽、吴、越均称世家，其实不合。当时仅吴越钱氏、荆南高氏服从中央，其余则否，安得皆称世家哉？欧阳之意，一则刻意摹古，再则《旧五代史》荒谬泰甚，凡服从中央者称“世袭列传”，不服从者称“僭伪列传”。五代纷争，僭与不僭，何从定之？欧阳所以悉改为世家，不知称载记即无病，称世家犹未当也。

又如《明史》有《流寇列传》。李自成转徙不常，目为流寇，名实未背。张献忠定都四川，则不得以流寇目之。《清史稿》记郑成功、洪秀全别为一类。郑有帝号，洪称天王，不能以诸疾（侯）之礼待之。如曰载记，即名实相副矣。此外非史公所有，而后人有一得可采者，世纪是也。阿骨打未起以前，其祖已为酋长，统率数千人矣。托克托等修《金史》，于本纪之前别列世纪，其意与《始皇本纪》之前有《秦本纪》相同。魏收作《魏书》，拓跋珪前二十七代均入《帝纪》，不合史法，识者所笑。若列为世纪，则无可訾矣。清之初起，世受明封，非草泽英雄可比。《清史稿》不列世纪，直以本纪发端，载清太宗事如草泽英雄，亦无当于史法也。载记，《史》

《汉》所无；世纪，史公有其义而无其名，虽出后人，实为史中要目。

他如列传之标题，《史》《汉》尚少，后出愈多。史公列“日者”“龟策”，已甚无谓。“刺客”后不常有，“滑稽”亦无须标目，独“货殖”为重要。民间营利之事，食货志所载者，固当详为纪述，至“儒林”“文苑”之分，出于不得已，未可厚非。

“叛逆”之名，《新唐书》始有之，前此唐修《晋书》，王敦、桓温并未别立叛逆之号。余谓列传标目与否，当以人数为断。多则宜标，少则宜省。儒林、循吏人非少数，固当标出。至于叛臣，人数实少，何必标也?

奸臣传之名亦后起。奸臣与佞臣有别，若董贤为祸之大，但入佞幸传。奸臣当谓能害人者，不能害人，不得称奸臣也。唐有奸臣传，清史无之，若和坤辈只可称佞臣耳。

《晋书》始有忠义传，其后凡一战而死者，皆入忠义传。然则昭忠祠血食之士，无虑千万，皆可列入耶？方望溪、全谢山迂腐之见，以《史》《汉》无忠义传为憾，不知其人果卓然有所表见，入列传可矣，何必标忠义之名哉?

《宋史》于儒林之外，别立《道学传》。后之论者，谓宋人重道学而轻儒林。然史公于儒林传列说经之士，孟、荀大儒则特立一传，附以九流，由此知后世儒林、道学之分亦非无见。惟孟、荀仅二人，故不别为标题耳。钱竹汀谓宋世表章道学，程、朱诸贤应特立传，不必列入道学传，斯言得之。

列女传起于《后汉书》，刘向别为《列女传》。有事即书，不别贤否，如蔡文姬节义有亏，而《后汉书》亦传之。其后变列女为烈女，稍有失德，即遭贬弃。自唐以来皆然，此失古人之意者也。

二、史之优劣

一部二十四史，人皆以太史公书第一。宋人乃以欧阳修《五代史》

比《史记》，其实何可比也？非徒文章不可比，即事迹亦不可比。《史》《汉》本并称，六朝、隋、唐已有《史》《汉》优劣之论。方望溪必欲推尊《史记》，压倒《汉书》，实非通论。

要知《史》《汉》各有优劣，史公《乐书》全采《乐记》，优于何有？《汉书·礼乐志》，乐不过郊庙之礼，礼是空论。至若叔孙通之《朝仪》，应入《礼书》，而二家皆不载，至今一无可考，史公、孟坚皆不能辞其咎也。

有古史如此作而后人不应如此作者，如《天文志》。古代史官，兼掌天文。《史记》有《天官书》，《汉书》亦有《天文志》。测天之法不同，应著《天官书》以明之。若仅采护陈文，指明星座，则陈陈相因，何所用之？地理本史家之要，而《史记》不志。《五行志》亦《史记》所无，而《汉书》有之。

其实董仲舒辈所言，于今观之，不值一笑。其后《符瑞志》更无谓矣。《明史·五行志》载牛生马、角生背、人有两头诸怪事，不载应验之言，似已明悟。实则《五行志》载生物之变异，可为生物学之参考，要亦无大用处。又史公重视游侠，其所描写，皆虎虎有生气。班氏反之，谓之乱世之奸雄，其言实亦有理。是故《史》《汉》之优劣，未可轻易下断语也。

董仲舒像

《史》《汉》之后，首推《后汉书》。刘知幾作《史通》，不云《后汉书》有曲笔，于《史》《汉》却有微词。实则范蔚宗之修《后汉书》，时隔数代，直笔无妨。且蔚宗于史有特识，不仅直笔可贵，如伴食宰相，仅载本纪，不特立传。在野有名之士，工符、仲长统之流，皆为立传。其他官位卑微而入传者甚多。朱文公作《纲目》，即采范书所载，如曹操自为丞相，曹操自立为魏公，加九锡，曹操进号魏王，皆采自《后汉书·献帝纪》。

华峤《后汉书》今不可见，疑峤书本善，而范书袭之。观蔚宗自序，称诸序论笔势纵放，实天下之奇作，其中合者往往不减《过秦篇》。尝共比方班氏所作，非但不愧之而已。不称叙事之善，而云议论之美，恐叙事直笔，华峤已然，故但称己之序论而已。惟华歆破壁牵伏后，华峤必不肯载。孔融临死，二子围棋，此事出吴人《曹瞒传》耳。

陈承祚《三国志》，前人讥之，谓不应以魏为正统，清人为之回护。余不谓然。桓、灵之恶，甚于桀、纣，曹操代汉，政治修明。虽其初起时，孔融之徒有不满之意，谓之正统，亦何不可？然司马温公谓刘备出于中山靖王后者，实亦如南唐之自称出于吴王恪，则未必然。刘备之自称宗室，若为诡说，曹氏应加反驳。曹氏不反驳，其为公认无疑。此盖与光武为长沙靖王之后相同。惟光武世系明晰，中山靖王至刘备则不能数耳。然必云正统，义有未安。桓、灵之当认为帝王与否？实为问题。而刘备之兴，又与光武不同。光武名号官制，必复汉家之旧，谓之正统可也。刘备何尝如此？故陈书三国鼎立，立意未尝不公。然于吴、蜀尚有分别，称蜀主死曰殂，称吴大帝之死曰薨。吴夫人立为皇后，而称之曰夫人，于蜀则称曰后。此实不合史法，使后人为之，即成笑柄矣。

四史之后，人以南北史最佳。宋、齐、梁、陈诸史繁简不当，《魏书》又有秽史之目。惟《北史》是非最为公正。唐人心理，以北朝为正统，以唐承隋，隋承周故。然南北史并立，南方帝王死，《北史》书之曰殂，北方帝王死，《南史》书之曰崩，此其病也。

唐人所修，前有《晋书》，后有《隋书》，其他尚有《梁书》《陈书》等。《隋书》以志见称，以其皆为专家所作也。《史通》云撰纪传者颜师古、孔颖达，撰志者于志宁、李淳风、韦安仁、李延寿、令狐德棻，皆一时之选也。《晋书》专记逸闻，体近小说，然后人亦有称之者。盖自《史》《汉》以下，可于列传之中看出其人性质产地者，首推《晋书》。观《史记·司马相如传》，可知其为四川人。观《屈原传》，可知其为两湖人。至于《晋书》列传各人之性质风度，无不栩栩欲活，安得以轻薄而少之？

《旧唐书》《旧五代史》体例本不甚佳，刘煦、薛居正伴食宰相耳，与雅擅文名之欧阳永叔、宋子京相较，宁止天渊？然吴缜作《新唐书纠谬》，驳正四百余事，真所谓百孔千疮矣。案子京《新唐书》文省于前，事增于后。唐人小说悉以为载笔之资，实则小说悠谬之词，何足信赖？何如《旧唐书》之一依官书为可信哉？是以司马温公修《通鉴》采《旧唐书》多，采《新唐书》少。于《五代史》亦然。

夫历代史藉皆由官修，独《新五代史》为私家著作。私家采访，必不能普及，故至于清代，两旧史仍列入正史。《新唐书》竭力摹拟昌黎，《新五代史》竭力摹拟《史记》《春秋》。目标愈高，笔力愈不易到。论其事实，旧史实胜于新史。即以《新五代史》职方考、司天考而论，当十国错乱之际，职方固甚重要，司天亦何用哉？

其后《金史》有元遗山手稿，尚足称道。《宋史》繁琐，凡宰相必列传，官位稍高亦无不列传，甚至一人两传，何其芜杂也？《元史》仅修一年，蒙古人名氏易混，一人两传，尚不足怪。短中取长，惟《辽史》耳。

《明史》大半取诸万季野《明史稿》。今万氏原稿不可见，闻但有列传，而无表志。近朱逖先买得原稿，其为真伪不可知。惟列传多于今之《明史》。又王鸿绪《明史稿》传后无赞，今通行本每一传后有赞，事实与原本无异，恐亦如范蔚宗之书原本于华峤也。《明史稿》所以优于《明史》者，福王、唐王、桂王事为之特叙。《明史》则附于《三王宗室传》中，先后倒置，眉目不清，此其一也；《明史稿》于府县设置之沿革，备著年月，甚见清楚。重修《明史》皆删去之，此其二也。

今之清史，袁金铠、金梁等不知而妄作，更多著无关重要之事，体例至不纯粹。且清室遗老秉笔修史，是非必不公允。即如皇太后下嫁一事，证据确凿，无可讳饰，今一概末杀，何以传信？最大之病在不列世纪。纪清太祖之初起，壹似草泽英雄，有乖实录甚矣。然则清史非重修不可。今以《清史稿》开罪闻人，禁不发行，不知史之错误有二：小节出入，错误之微末者也，不难加以修正；大体乖违，则错误之深重者也，非更张不可。如以努尔哈赤写作草泽英雄，焉可以信今而传后哉？要之《清史》较《宋史》《元史》稍优，不致有一人两传之误，然比《明史》尚不逮。余谓今人修史，如文章欲力追秦、汉，则古今人不相及。无论《史》《汉》，即范、陈亦不易及。前人称南北史为优，其实《隋书》《明史》亦尚可观。如能与方驾，已为上乘。读史不必问文章之优劣，但须问事实之确否。至于议论，各人有其特见，正不必以人之议论为己之议论也。

三、读史之宜忌

读史之士学力不同，识见亦异。高者知社会之变迁，方略之当否，如观棋谱，知其运用，读史之效可施于政治，此其上也。其次考制度，明沿革，备行政之采择。正史所载，未必完备。典章制度，不得不参考《通典》《通考》诸书，譬如地理、职官二门。职官须明权限之异同，不得但据其名。地理应知交争之形势，道里之远近。要知历史上之地理，不与今之地质学、地文学相同。今人讲地理，建置沿革尚能通晓，惟有一说疑不能明。

《汉书》述诸夏区域东西一万三千余里，南北九千余里。历代相沿此说不变。宋土逼窄，犹作此语。汉尺短，用清营造尺比汉尺，则汉一尺得清营造尺七寸四分。汉一万里为清七千四百里。今自蒙古至琼州只六千里，焉得有九千里？明尺即今木尺，一尺等于营造尺九寸，则万里当有九千里，数亦与今不符。汉人之言，犹可诿之测量未精，故有是误。

晋裴秀为司空，作《禹贡地域图》十八篇，已知测量之法矣。六朝时遵用之，唐贾耽则有《禹迹图》《华夷图》，刘豫刻之西安，今存西安府学，观其里数亦觉过大。盖当时虽知测量，仍不知北极测地之法也。

《周礼》职方氏所云九州之内东西南北相去七千里，其外相去一万里。以汉尺七四计，尚得五千一百八十里。本部南北相去断无此远，古今人皆以为疑。近人廖季平乃谓职方氏是指全地球而言。实则自汉至明，里数总不确实，凡为测量未精不知北极测地之法故也。

职官之学有职官沿革表可供参考，然有名同而实异者，不可不加审辨。如唐之六部与《周礼》六官不同，此前人已知之。《周官》冢宰乃唐之尚书令，非唐之六部也。《周礼》天官，大宗伯在汉为九卿，至清大理、太常、太仆则虚名耳。明太仆寺尚须养马，清则无其事矣。光禄寺不知起于何时，清光禄勋本郎官，不知何以变为庖厨之职？汉之鸿胪如后之理藩院。此皆名同而实不同者。

古今职官名实相同者仅有县令，清之知县犹是汉之县令也。以知府比太守，即已不符。顾亭林谓太守如督抚，此语良然，以其有兵权也。日本人译西洋官制之名，于台湾、朝鲜则曰总督，称印度、香港之最高长官即曰太守，不知是否西洋文之本意如此？抑故意作此译名也？实则守之大小，本无规定。

明代总兵镇守边陲，亦称曰守。以故印度总督可比太守，香港只可比巡检司而已。汉之太守与后之知府，不但名不同，实亦不同。研究职故官不应取其名，务须稽核其实。古今官制，屡改不一改矣，决非但见其名相同即可谓是同一职掌也。

他如古今度量衡之变迁沿革，亦不易知。要之考制度以裨有政，乃读史第二等事，其效已次于职方略知运用也。

读史所最忌者，妄论古人之是非是已。宋人往往好以当时之是非衡量古人，实则古人之安危利害，不应以后人之目光判断之。后人所应纠正古人者，乃如华歆，魏晋人均赞扬之，魏之代汉，歆颜色不悦，曰我本汉臣。此之矫揉造作，而曹子建信之，何也？又如古称扬雄，几于圣人，司马温公尚然，而后人訾之。以余观之，雄不过常人而已。

复次，借古事以论今事，所谓借题发挥者，亦读史所忌。王船山《读通鉴论》，于范文正贬官，欧阳修、尹师鲁、余靖与之同去，以为好名，后之朋党，即由此起。实则宋之朋党起于神宗时，范、欧四贤曷尝有此心哉？明怀宗时流寇猖獗，朝臣多议南迁，光时亨曰国君死社稷，以此而止。

船山于时亨不加訾议，乃力斥李纲，以金人来侵，纲力主迎战，与时亨同也。不知南宋迁亦亡，不迁亦亡。其时宗泽尚在河北，所以不能成功者，以黄潜善等沮之也。如船山之言，南迁而守东都，东都亦岂易保哉？船山史论常以宋事影射明事，后之读史者往往以此矜夸。夫作诗有寄托，发感慨，原无不可，然非所语于读史也。读史当论大体，以为判案，岂可逞臆而断也！

整理中国文学的提议

郑振铎

中国素以文教之邦著称。中国文学发达的历史也至少在三千年以上，历代帝王且时时下崇“文”之诏令。以中国人之如此重视文学，以中国文学所历年代之如此长久，宜其能蓬蓬勃勃，产生无量数之杰作了。然而除了诗歌与论文、杂著之外，其余戏剧、小说、批评文学之类并不发达。这是什么原故呢？原来中国人所崇的“文”，并不是“文学”的“文”，乃是所谓“六经之道”，为帝王保守地位的“文”。其他真正文学，则提倡者决无其人。诗歌最容易发泄人的真情，故最发达。至小说之类，则所谓文人者且鄙夷之而不屑为。《四库总目提要》且以“词曲二体，在文章技艺之间，厥品颇卑，作者勿贵。……王圻《续文献通考》以《西厢记》《琵琶记》俱入经籍类中，全失论撰之体裁，不可训也”。至于近代，因西洋小说介绍进来的原故，大家才稍稍承认小说在文艺上的地位，但是一般人还不大明了文学究竟是什么，也不大知道中国文学真价的所在。有人以学校中的“功课表”算为文学。也有人把宋元理学，汉人

郑振铎

章句，也叙入文学史之中，又有人以陶潜来同俄国的托尔斯太相比。中国文学真还在朦胧阴影之中，没有露出新明的阳光呢！

所以我们要明白中国文学的真价，要把中国人的传统的旧文学观改正过，非大大的先下一番整理的功夫，把金玉从沙石中分析出来不可。

前次，文学研究会在上海开会时，我曾提出一个问题，请大家研究，就是“整理中国文学的范围与方法”。当时大家曾讨论了一回，因为这个问题的复杂与重大，时间又是太短，所以没有议出什么结果来。

现在，我先把自己的意见，简简单单的写出来，请研究中国文学的诸位先生，给我些教正。

一、整理的范围

文学的范围，极不易确定。如果我们说《诗经》是文学，《西游记》是文学，或是《日知录》不是文学，《朱子语录》不是文学，那是谁也不会反对的。如果一进到文学与非文学的边界，那么，便不易十分确定了。譬如问：“王充《论衡》是不是文学？”“《北梦琐言》《世说新语》算不算文学？”或是“《陆宣公奏议》《贾子新书》是不是文学？”便不易立刻回答了。至少也要把文学的性质懂得清楚，并且把这种书的价值与影响研究得详详细细，才能够无疑的回答说：“这是文学”，或“这不是文学”。

郑振铎（右二）在“孤岛”时期

而欲确定中国文学的范围，尤为不易。中国的书目，极为纷乱，有人以为集部都是文学书，其实不然。《离骚草木疏》也附在集部，所谓“诗话”之类，尤为芜杂，即在“别集”及“总集”中。如果严格的讲起来，所谓“奏疏”，所谓“论说”之类够得上称为文学的，实在也很少。还有二程（程颢、程颐）集中多讲性理之文，及卢文弨、段玉裁、桂馥、钱大昕诸人文集中，多言汉学考证之文，这种文字也是很难叫他做文学的。最奇怪的是子部中的小说家。真正的小说，如《水浒》《西游记》等倒没有列进去。他里边所列的却反是那些惟中国特有的“丛谭”“杂记”“杂识”之类的笔记。我们要把中国文学的范围，确定一下，真有些不容易！

现在凭我个人的臆断，姑且把他分为九类如下：

（一）诗歌　这里诗歌一字，所包括的颇广，自四言的诗，五言、六言、七言的诗，以至乐府，词，长歌，赋等等，都包含在内。词是从诗变化出来的，中国旧的分类虽与诗分开，其实性质是一样。只不过音调不同而已。赋自《离骚》以后，作者继出。而《离骚》实为后世诗人之祖，故赋也不能与诗分开。还有民间歌谣，也须附在这一类中。

（二）杂剧，传奇　元人杂剧，及汤若士，李渔，蒋士铨诸人之作都包括在内。董解元《西厢记》，体例与王实甫不同，他这本书，是预备给一个人唱演的，不是预备给许多人扮演的。后世弹词，与他极为相近，亦可附在此类。

（三）长篇小说　中国长篇小说极少。自宋元以后，始有作者。而所谓文人学士对于这种书，并不重视。所以除了《水浒》《西游记》《三国志》《红楼梦》《镜花缘》《儒林外史》以及其他历史小说如《开辟演义》《东周列国志》《秦汉演义》之类百余种以外，长篇小说几于绝无仅有。

（四）短篇小说　唐人的短篇小说如《虬髯客传》《柳毅传》《长恨歌传》《霍小玉传》等都是价值极高的。自唐以后，作者极少，蒲留仙之《聊斋》，与流行民间之《今古奇观》，可以附在此类。

（五）笔记小说　此为中国所特有者。《四库总目》所列子部小说家，几皆为此类。而往往一书中有许多篇是记掌故的，有许多篇是记奇闻的。还有许多是杂记经籍考证及音义的，不能把他们完全当为小说。

（六）史书，传记　长篇传记，中国极少。至于史书，则《左传》《史记》《两汉书》《三国志》之类，都是有很高的文学价值的。他们的影响极大，后世言文者多称左、马。在文学史上，他们与《诗经》《离骚》是有同等的重要的。

（七）论文　论文在中国文学中占有很重要的地位。周秦诸子及贾谊，扬雄，王充，仲长统，韩愈，苏轼，黄宗羲诸人所作的《论衡》《昌言》《明夷待访录》之类，一面于思想界极有关系，一面在文学上也各有相当的地位。

（八）文学批评　中国的文学批评极不发达，刘彦和的《文心雕龙》算是一部最大的著作。章学诚之《文史通义》，亦多新意。其余如《诗品》，诗话，词话及《唐诗纪事》之类，大半都是不大合于文学批评的原则的。

（九）杂著　如书启，奏议，诏令，赞铭，碑文，祭文，游记之类，皆归于这一类。

以上九类，略可以把中国文学，包括完尽。惟文学与非文学之间，界限极严而隐。有许多奏议、书启是文学，有许多奏议、书启便不能算是文学。所以要定中国文学的范围，非靠研究者有极精确的文学观念不可。

二、整理的方法

我们研究一种学问，不能受制于他人所预定的研究方法之下。所以，同样的我们也决不敢替别人定什么整理的或研究的方法。但是至少限度的研究的趋向，我想总要稍稍规定一下。因为这种研究的趋向，正如走路一样无论走到哪里去，都是非经过这一个地方不可的。譬如在培根以前，研究学问，都只信仰相传的成说，并不自己去考察。在达尔文以前，讲生物原理的人，也都只相信上帝造物之说，并不去研究生物进化之原理。到了培根、达尔文以后，则研究学问的自然而然的都趋向于归纳的研究与进化论一方面了。又如十八世纪以前，西欧的批评文学家，都以希腊的传统的学说为唯一的批评方针。莎士比亚的戏剧因为不遵守亚里斯多德定下的“三一律”，便被当时的人攻击得很利害。到十八世纪以后，文学的研究者便没有人信仰这“三一律”，而另有他们自己的新趋向了。如果在现在的时候，而还有人拿“上帝创造说”来批评“进化论”，或拿“三一律”来做现在的戏剧的准绳，则这人必定是个非愚则妄的人了。所以我们站在现代，而去整理中国文学，便非有：

（一）打破一切传袭的文学观念的勇气与

（二）近代的文学研究的精神不可了。

现在先就第一项略说一下：

中国文学所以不能充分发达，便是吃了传袭的文学观念的亏。大部分的

《诗经》中的植物——荇菜

人，都中了儒学的毒，以“文”为载道之具，薄词赋之类为“雕虫小技”而不为。其他一部分的人，则自甘于做艳词美句，以文学为一种忧时散闷、闲时消遣的东西。一直到了现在，这两种观念还未完全消灭。便是古代许多很好的纯文学，也被儒家解释得死板的无一毫生气。《诗经》里很好的一首抒情诗：

关关雎鸠，在河之洲。窈窕淑女，君子好逑。
参差荇菜，左右流之。窈窕淑女，寤寐求之。
求之不得，寤寐思服。悠哉悠哉，辗转反侧。

被汉儒解释，便变成“后妃之德也，风之始也，所以风天下而正夫妇也”了。虽然朱熹能够打破这种解释，而仍把他加上儒家的桎梏，说什么“盖此人此德，世不常有。求之不得，则无以配君子而成其内治之美。”最可笑的是：

腰腰草虫，趯趯阜螽。未见君子，忧心忡忡。
亦既见止，亦既觏止，我心则降。
陟彼南山，言采其蕨。未见君子，忧心惙惙。
亦既见止，亦既觏止，我心则说。
陟彼南山，言采其薇。未见君子，我心伤悲。
亦既见止，亦既觏止，我心则夷。

这一首诗，明明是“诸侯大夫行役在外。其妻独居，感时物之变，而思其君子如此”（朱熹的话）之意。汉儒却把他当做叙述妇人适人，未见其夫，与既见其夫的心境变化之文。这真是大错特错了。第一段“未见君子”解做“在涂时”，还勉强可通。至第二段，第三段，则出嫁之女，要跑到南

《诗中》中的植物——蕨和薇

山去采蕨、采薇做什么？下边紧接着“未见君子”——“在途时”——则更说不通了。出嫁之女走到途中，忽然跑到南山去采蕨、采薇，到底是怎么一回事呢？还有奇怪的，诗中“未见君子，我心伤悲”，明明是言未见其夫，故而悲痛。汉儒却解做“嫁女之家，不息火三日，思相离也”。如果是说女思相离的话，那么，见夫前与见夫后，总是一样的相思，为什么见了夫后，便“我心则夷”呢？这种曲解强释，完全是中了儒家的礼教之毒之故。所以不许有怀春之士，不许有思夫之妇，而非把他们拿来装饰儒家所定的“礼教”的门面不可。其实孔子选诗的本意，岂是每首都含有宣传他的主义的意义在内么？

《离骚》与其后的各种小说，也同样的受了这种曲解的灾祸。自《史记》有“屈平疾王听之不聪也，谗谄之蔽明也，邪曲之害公也，方正之不容也，故忧愁幽思，而作《离骚》”之言，于是后之注《骚》者、几无一语不解为怨诽，无一语不解为思君。自朱熹作《通鉴纲目》贬曹魏，以三国正统予刘而不予曹，于是后之评《三国演义》者，几无一处不以作者为贬曹操，为是写曹操的奸恶的。无论曹操的一举一动，都以为奸谋，是恶行。评《红楼梦》者，竟有逐回斥责贾母为祸首的。评《西游记》者，则有以此书为言医药之书，逐回都是谈论医理的。如此附会之处，几于无书无之。中国人的儒教的文学观，因此养成，根柢深固，莫能拔除。为儒者所不道的稗官小说，开卷亦必说许多大道理。无论书中内容如何，而其著书之旨，则必为劝忠劝孝。甚至著淫书者，开头亦必说他著此书，是为了“劝善惩淫”。这种文学观是我们所必要打破的。还有一种无谓的文学正统的争论，如言古文者，鄙骈体为不足道；言骈体者，亦斥古文为淡薄。言宋诗者，遂唾弃别时代的一切作品，以为不足学之类。我们都应一概打破。

文学贵独创。前人之所以嘉惠后人者，惟无形中的风格的影响，与潜在心底的思想的同情而已。摹袭之作，决无佳构。而中国文学则以仿古为高，学古为则。屈子有《离骚》，扬雄则作《反骚》。枚乘作《七发》，而《七启》之属遂相继而产生。言诗者，不言此诗家之特质何在，独硁硁然举某诗似杜子美，某诗似黄山谷，一若学古人而似，即为诗人最大之成功者。言散文者亦然，作者评者，莫不以摹学左、孟、《史记》、昌黎为荣。这种奴性，真非从根本上推倒不可！

屈子行吟图

总之，我们研究中国文学，非赤手空拳、从平地上做起不可。以前的一切评论，一切文学上的旧观念都应一律打破。无论研究一种作品，或是研究一时代文学，都应另打基础。就是有许多很好的议论，我们对他极表同情的，也是要费一番洗刷的功夫。把他从沙石堆中取择，而加之以新的证明，新的基础。

说到这里，必定有人要问我，“旧的既然要打破，那么，新的呢？新的文学的观念是怎样的呢？”

在这个地方，我且乘便把第二项“近代的文学研究的精神”说一说。

我们的新的文学研究的基础，便是建筑在这“近世精神”上面的。

这近代的文学研究的精神是怎样的呢？

B·G·Nowlton在他的《文学的近代研究》（*Modern study of literatuse*）一书里，说得很详细。他以为近代的精神便是：（一）文学统一的观察，（二）归纳的研究，（三）文学进化的观念。

所谓文学的统一观，便是承认文学是一个统一体，与一切科学，哲学是一样的，不能分国单独研究，或分时代单独研究。因为古代的文学与近代的文学是有密切的关系的，这一国的文学与那一国的文学也是有密切的关系的。我们研究文学应该以“文学”为单位，不应该以“国”或以“时代”为单位。我们中国的文学研究者，则不惟没有世界的观念，便连一国或一时代的统一研究，也还不曾着意，他们惟知道片段的研究一个或几个作家。用这种文学的统一观，来代替他们的片断的个人研究，实是很必要的。

但是说来可怜，中国人便连这片断的个人研究也不曾研究得好呢！他们所谓研究，便是做“年谱”与“注释”。能够对于一个作家的性格与作品，有一种明了的切实的批评的，实在是万不得一。

“归纳的观察”，是研究一切学问的初步。无论我们做个人的研究功夫也好，做一部分或全部分中国文学的研究功夫也好，我们必须应用这“归纳的观察法”，把作品与作家仔仔细细的研究个共同的原则与特质出来。

所谓“进化的观念”，便是把“进化论”应用到文学上来。许多人反对讲“文学进化”，以为文学是感情的结晶，人类的感情自太古以至现代，并没有什么进化。所以荷马的史诗，我们还是同样的赞赏。如言进化，则荷马之诗必将与希腊的幼稚的科学知识，同归消灭了。其实，这是不然的。“进化”二字，并不是作“后者必胜于前”的解释。不过说明某事物一时期一时期的有机的演进或蜕变而已。所以说英国文学的进化，由莎士比亚，而史格德，而丁尼生，并不是说丁尼生比莎士比亚一定好。这种观念是极重要的。中国人都以为文学是不会变动的，凡是古的都是好的，古人必可以作为后起之人的模范。所谓“学杜”“学韩”，都是受这种思想的支配。如果有了进化的观念，文学上便不会再有这种固定的偶像出现，后起的文学，也决不会再受古代的传袭的文学观的支配了。

这种研究的趋向，是整理中国文学的人大家都要同走的大路，万不可不求其一致。至于各人要做什么工作，则尽可以凭各人的兴趣与志向做去，不必别人代为预先计划。不过据我的意见，中国文学的整理，现在刚在开始之时，立刻便要做全部的整理功夫，似乎野心太大了些。最好是先有局部的研究，然后再进而为全体的研究，才能精密而详确。局部的研究可分为：（一）一部作品的研究，（二）一个作家的研究，（三）一个时代的研究，（四）一个派别的研究，（五）一种体裁的研究。但这种局部研究，有时也要关涉全体的。如从事一个作家的研究，对于作家在文学史上的地位与影响，是必须研究的。他的性质，他的作品与风格，他的人生观，都是要细细的观察的。从事一个作品的研究，也是如此。除了研究他的风格与所包含的思想外，至少还须知道他的作品的历史与性格，及这作品在文学史上的地位与影响。因为时间关系，这篇短文便如此的匆匆结束了。还有许多话，只好待以后再说。

Chapter 2 经学与哲学

中国思想史上的儒学统一时代

梁启超

梁启超

泰西之政治，常随学术思想为转移，中国之学术思想，常随政治为转移，此不可谓非学界之一缺点也。是故政界各国并立，则学界亦各派并立；政界共主一统，则学界亦宗师一统。当战国之末，虽有标新领异如锦如荼之学派，不数十年，摧灭以尽；巍然独存者，惟一儒术。而学术思想进步之迹，亦自兹凝滞矣。夫进化之与竞争相缘者也，竞争绝则进化亦将与之俱绝。中国政治之所以不进化，曰惟共主一统故；中国学术所以不进化，曰惟宗师一统故。而其运皆起于秦、汉之交。秦、汉之交，实中国数千年一大关键也。抑泰西学术，亦何尝不由分而合，由合而分，递衍递嬗；然其凝滞不若中国之甚者，彼其统一之也以自力，此其统一之也以他力。所谓自力者何？学者各出其所见，互相辩诘，互相折衷，竞争淘汰，优胜劣败。其最合于真理最适于民用者，则相率而从之。衷于至当，异论自熄。泰西近日学界所谓定义公例者，皆自此来也。所谓他力者何？有居上位握权力者，从其所好，而提倡之，而左右之。有所奖励于此，则有所窒抑于彼，其出入者谓之邪说异端，谓之非圣无法。风行草偃，民遂移风。泰西中古时代之景教，及吾中国数千年之孔学，皆自此来也。由前之道，则学必日进；由后之道，则学必日退。征诸前事，有明验矣。故儒学统一者，非中国学界之幸，而实中国学界之大不幸也。今请先语其原因，次叙其历史，次条其派别，次论其结果。

其原因

儒学统一云者，他学销沈之义也。一兴一亡之间，其原因至赜至杂。约而论之，则有六端：

天下大乱，兵甲满地，学者之日月，皆销蚀于忧皇扰攘之中，无复余裕以从事学业。而霸者复肆其残忍凶悍之手段，草薙而禽弥之。苟非有过人之精神毅力，则不能抱持其所学，以立于此棼乱暗黑之世界。故经周末兼并之祸，重以秦皇焚坑一役，而前此之道术，若风扫落叶，空卷残云，实诸学摧残之总原因，儒学与他学共之者也。此其一。

破坏不可以久也，故受之以建设。而其所最不幸者，则建设之主动力，非由学者而由帝王也。帝王既私天下，则其所以保之者，莫亟于靖人心。事杂言庞，各是所是而非所非，此人心所以滋动也。于是乎靖之之术，莫若取学术思想而一之。故凡专制之世，必禁言论、思想之自由。秦、汉之交，为中国专制政体发达完备时代；然则其建设之者，不惟其分而惟其合，不喜其并立而喜其一尊，势使然也。此其二。

既贵一尊矣，然当时百家，莫不自思以易天下，何为不一于他而独一于孔？是亦有故。周末大家，足与孔并者，无逾老、墨。然墨氏主平等，大不利于专制；老氏主放任，亦不利于干涉：与霸者所持之术，固已异矣。惟孔学则严等差，贵秩序，而措而施之者，归结于君权；虽有大同之义，太平之制，而密勿微言，闻者盖寡；其所以干七十二君，授三千弟子者，大率上天下泽之大义，扶阳抑阴之庸言，于帝王驭民，最为适合，故霸者窃取而利用之以宰制天下。汉高在马上，取儒冠以资溲溺；及既定大业，则适鲁而以太牢祀矣。盖前此则孔学可以为之阻力，后此则孔学可以为之奥援也。此其三。

然则法家之言，其利于霸者更甚，何为而不用之？曰：法家之为利也显而骤，其流弊多；儒家之为利也隐而长，其流弊少。夫半开之民之易欺也，朝四暮三则众狙喜，且笞且饴则群儿服。故宋修《太平御览》以彀英雄，清开博学鸿词以戢反侧，盖逆取顺守，道莫良于此矣。孔学说忠孝，道中庸，与民言服从，与君言仁政，其道可久，其法易行；非如法家之有术易以兴、无术易以亡也。然则孔学所以独行，殆教竞君择，适者生存，亦天演学公例所不可逃也。此其四。

以上诸端，皆由他动力者也。至其由自动力者，则亦有焉。盈虚消长，万物之公例也。以故极盛之余，每难为继。彼希腊学术，经亚里士多德后而渐衰；近世哲理，经康德后而稍微。此亦人事之无如何者矣。九流既茁，精

梁启超54岁时留影

华尽吐；再世以后，民族之思想力既倦，震于前此诸大师之学说，以为不复可加，不复可几及，故有因袭，无创作，有传受，无扩充，势使然矣。然诸家道术，大率皆得一察焉以自好，承于前者既希，其传于后也亦自不广。孔学则祖述尧、舜，宪章文武，在先师虽有改制法后之精神，在后学可以抱残守缺为尽责。是故无赴汤蹈火之实力，则不能传墨学；无幽玄微妙之智慧，不足以传老学。至于儒术，则言训诂者可以自附焉，言校勘者可以自附焉，言典章制度者可以自附焉，言心性理气者可以自附焉。其取途也甚宽，而所待于创作力也甚少，所以诸统中绝，而惟此为昌也。此其五。

抑诸子之立教也，皆自欲以笔舌之力，开辟涂径，未尝有借助于君之心。如墨学主于锄强扶弱，势力愈盛者，则其仇之愈至；老学则刍狗万物，轻世肆志，往往玩弄王侯，以鸣得意。然则彼其学，非直霸者不取之，抑先自绝也。孔学不然，以用世为目的，以格君为手段。故孔子及身，周游列国，高足弟子，友交诸侯；为东周而必思用我，行仁术而必藉王齐。盖儒学者，实与帝王相依附而不可离者也。故陈涉起而孔鲋往，刘季兴而叔孙从，恭顺有加，强聒不舍，捷足先得，谁曰不宜？此其六。

其历史

具彼六因，儒学所以视他学占优胜者，其故可知矣。虽然，其发达亦非一朝一夕之故。请略叙之。

（一）萌芽时代。当孔子之在世，其学未见重于时君也。及魏文侯，受经子夏，继以段干木、田子方，于是儒教始大于西河。文侯初置博士官，实为以国力推行孔学之始。儒教第一功臣，舍斯人无属矣。其次者为秦始皇。始皇焚坑之虐，后人以为敌孔教，实非然也。始皇所焚者，不过民间之书，百家之语；所坑者，不过咸阳诸生、侯生、卢生等四百余人，未尝与儒教全体为仇也。岂惟不仇，且自私而自尊之。其焚书之令云：有欲学者，以

孔子

吏为师。非禁民之学也，禁其于国立学校之外，有所私业而已。所谓吏者何？则博士是也。秦承魏制，置博士官，伏生、叔孙通、张苍，史皆称其故秦博士。盖始皇一天下，用李斯之策，固已知辨上下、定民志之道，莫善于儒教矣。然则学术统一与政治统一，同在一时，秦皇亦儒教之第二功臣也。汉高蚤年最恶儒，有儒冠者辄溲溺之，其吐弃也至矣。而郦食其、叔孙通、陆贾等，深自贬抑，包羞忍垢以从之。及天下既定，诸将争夺喧哗，引为深患。叔孙通乃缘附古制，为草朝仪，导之使知皇帝之贵，然后信孔学之真有利于人主。陆贾献《新语》，益知马上之不可以治天下。于是过鲁以太牢祠孔子，喟然兴学，以贻后昆。汉高实儒教之第三功臣也。

（二）交战时代。虽然，天下事非一蹴可几者。当汉之初，儒教以外，诸学派其焰未衰。墨也，老也，法也，皆当时与孔学争衡者也。其在墨家，游侠一派独盛，朱家、郭解之流，为一时士夫所崇拜。太史公曰：“儒以文乱法，而侠以武犯禁。”儒谓孔也，侠谓墨也。盖孔、墨两派，在当时社会，势力殆相埒焉（秦汉时人常以仲尼、墨翟并称，或以儒墨、儒侠并称。南海先生所著《孔子改制考》尝汇钞之，得百余条）。其在道家，则汉初之时，殆夺孔席。盖公之教曹参（史称曹参为齐悼惠王相，召诸儒百数，问安集百姓之道，言人人殊，莫知所从。闻胶西有盖公者，善黄、老言，请见之。盖公为言治道清静，则民自定。曹参大悦，师之。后相汉，日饮醇酒，与民休息，皆得力于道家言也），黄生之事窦后（《汉书·外戚传》云："太后好黄帝、老子言。景帝及诸窦不得不读《老子》，尊其术。"按：窦后为文帝后，文帝即位之年即册立，而崩于武帝建元六年。此四十五年间，势倾外廷，天子、宰相莫敢逆。登高而呼，故道家言披靡朝野。史称老徒黄生与儒徒辕固生尝辨难于帝前。窦后怒，使辕固入圈刺豕，欲杀之。其束缚言论自由，可见一斑矣），此倡之自上者也；淮南王之著《鸿烈》解（高诱注《淮南子》云："天下方术之士多归淮南，于是苏飞、李尚、左吴、田由、雷被、毛被、伍被、晋昌等八人，及诸儒大山、小山之徒，讲论道德，总统仁义，以著此书。"其旨近于《老子》，淡泊无为，蹈虚守静云），司马谈之《论六家要指》（《史记·太史公自序》列其父谈所论六家要指，谓儒、墨、阴阳、名、法、道各有所长，而归本于道家。班固讥史公"先黄老而后六经"，实则此乃谈之言，非迁之言也），此演之自下者也。故当时儒学虽磅礴郁积于下，而有压之于上者，故未能得志焉。其在法家，则景帝时代，晁错用事（史称错与洛阳宋孟、刘带同学申、商刑名之学于轵县张恢。然则张恢殆当时法家大师也），权倾九卿，法令多所更定。而武帝虽重儒术，实好察察之明，任用桑弘羊辈，欲行李悝、商鞅之术以治天下，故儒、法并立，而相水火于朝廷。《盐铁论》一书，实数千年来争辨学术之第一大公案也（《盐铁论》，汉桓宽撰，乃叙述始元六年丞相、御史与所举贤良文学论辨盐铁均输之利害者也。两党各持一见，互相诘难，洋洋十数万言。以视英国议院争爱尔兰自治案、改正选举法案者，其论辨之激烈、持理之坚确，殆有过之无不及，实为中国学界、政界放一大异彩也）。由此观之，当儒学将定未定之际，与之争统者凡三家。就中随分为三小时期：第一期，为儒、墨之争。盖承战国"武士道"之余习，四公子（孟尝、平原、信陵、春申）之遗风，犹赫赫印人耳目，故重然诺、锄强扶弱之美德，犹为一世所称羡，尚气之士，每不惜触禁网以赴之，而诋儒为柔巽者有焉矣。虽然，其道最不利于霸者，朝廷豪族，日芟而月锄之，文景以降，殆萎绝矣。等二期，为儒、道之争。道家有君（如窦太后、文帝、景帝等）、相（如曹参、汲黯等）以为之后援，故其势滋盛，而经数百年战争丧乱之后，与民休息，其道术固有适宜于当时之天择者，故气焰骤扬，而诋儒为虚伪繁缛者有焉矣。虽然，帝者之好尚变，而其统之盛衰亦与俱变。第三期，为儒、法之争。儒、法两有利于世主，而法家之利显而近，儒家之利隐而长。景武之时，急于功名，法语斯起，而诋儒为迂腐不切者有焉矣。然当时儒、法胜负之数，颇不在世主而在两造之自力。盖法家之有力者，不能善用其术，缘操切以致挫败；而儒家养百年来之潜势力，人才济济，颇能不畏强御以伸其主义，故朝、野两途，皆占全胜也。自兹以往，而儒学之基础始定。

（三）确立时代。自魏文侯以后，最有功于儒学者，不得不推汉武帝。然武帝当窦后未殁以前，不能实行所志。彼其第一次崇儒政策，以武帝之雄才大略主持于上，窦婴以太后之亲为丞相，田蚡以帝舅为太尉，赵绾为御史大夫，王臧为郎中令，皆推崇儒术，将迎申公于鲁，设明堂，制礼作乐，文致太平。然太后一怒，绾、臧下吏。婴、蚡罢斥，遂以蹉跌。卒至后崩，蚡复为相，董仲舒对策贤良，请表章六艺，罢黜百家，凡非在六艺之科者绝勿进。自兹以往，儒学之尊严，迥绝百流。遂乃兴学校，置博士，设明经射策之科。公孙弘徒以缘饰经术，起家布衣，封侯策相。二千年来国教

汉武帝刘彻

之局，乃始定矣。

（四）变相时代。一尊既定，尊经逾笃，每行一事，必求合于六艺之文。哀、平之间，新都得政，因缘外戚，遂觊非常；然必附会经文，始足以箝盈廷之口。求诸古人，惟有周公可以附合，爰使刘歆制作伪经，随文窜入。力有不足，假借古书。古人削竹为篇，漆书其上，今之一卷，古可专本。其为工也多，故传书甚少；其转徙也艰，故受毁甚易；其为费也不资，故白屋之士不能得书者甚众。以此三者，故图书悉萃秘府。歆既亲典中书，任意抑扬，纵怀改窜，谓此石渠秘籍，非民间有也，人孰不从而信之？即不见信，又孰从而难之？况有君权，潜为驱督，于是鸿都太学，承用其书，奉为太师，视为家法。莒人灭鄫，吕种易嬴，自兹以往，而儒之为儒，又非孔子之旧矣。

（五）极盛时代。虽然，新歆之学，固未能遽以尽易天下也。而东汉百余年间，孔学之全盛，实达于极点。今请列西汉与东汉之比较：1.西汉有异派之争，而东汉无有也（西汉前半纪三小期之交战时代，不待言矣，即武帝别黑白定一尊以后，亦尚有如汲黯之治黄老，桑弘羊、张汤之治刑法者。东汉则真绝矣）；2.东汉帝者皆受经讲学，而西汉无有也（明帝亲临辟雍，养三老五更。自章帝以下，史皆称其受经渊源）；3.西汉传经之业，专在学官，而东汉则散诸民间也（凡学权垄断于一处者，学必衰；散布诸民间者，学必盛。泰西古学复兴时代，学权由教会移于平民，遂开近代之治，其明证也。西汉非诣博士不得受业，虽有私授，而其传不广。东汉则讲学之风，盛于一时。史所载如刘昆弟子常五百余人；洼丹徒众数百人，杨伦讲授大泽中，弟子千余人；薛汉教授常数百人；杜抚弟子千余人；曹曾、魏应、宋登、丁恭皆弟子数千人；楼望九千余人，牟长门下著录万余人；蔡玄万六千人。诸如此者，不可枚举）；4.西汉传经，仅凭口说，而东汉则著书极盛也（西汉说经之书，惟有《春秋繁露》《韩诗外传》一二种，其余皆口授而已。东汉则除贾、马、许、郑、服、何诸大家，著述传世人人共见者不计外，其《儒林传》所载，如周防著四十万言，伏恭著二十万言，景鸾著五十万言，其余数万言者，尚指不胜屈）。故谓东京儒术之盛，上轶往轨，下绝来尘，非过言也。

其派别

竞争之例，与天演相终始。外竞既绝，内竞斯起；于群治有然，于学术亦有然。《韩非子·显学》篇，谓孔子卒后，儒分为八。顾汉代儒学虽盛，而所谓八儒者，则渺不可睹。其条叶跗萼，千差万别，又迥非初开宗时之情状矣。今欲言汉儒之派别，请先言汉以前之派别。

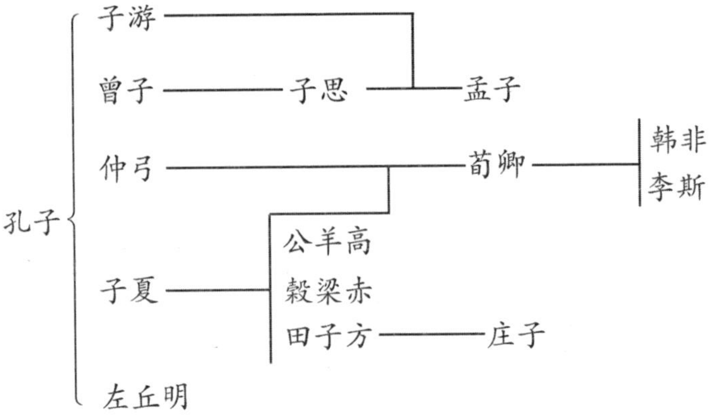

表例说明：

一、其流派不光大者不列。二、列子游于孟子派者，孟子言大同，而大同之说，本于《礼运》，《礼运》为子游所传。《荀子·非十二子》篇攻思、孟条下又云："以为仲尼、子游，为兹厚于后世。"故知孟子之学出于子游也。三、列仲弓于荀卿派者，《非十二子》篇以仲尼、子弓并称。《论语》言："雍也可使南面。"正荀子君权之学统所自出也。

孔子之学，本有微言、大义两派。微言亦谓之大同，大义亦谓之小康；大同亦谓之太平，小康亦谓之拨乱，谓之升平。拨乱、升平、太平，《春秋》谓之“三世”。三世之中，复各含三世，如太平之拨乱，太平之升平，太平之太平等是也。大义之学，荀卿传之；微言之学，孟子传之。至微言中最上乘，所谓太平之太平者，或颜氏之子其庶几乎，而惜其遗绪之湮没而不见也。庄生本南派巨子，而复北学于中国，含英咀华，所得独深，殆绍颜氏不传之统者哉！然其嗣续固不可以专属于孔氏。然则孔学在战国，则固已仅余孟、荀两家，最为光大。而二派者，孔子之时，便已参商；迨及末流，截然相反。孟子治《春秋》，荀子治《礼》（《春秋》孔子所自作，明改制致太平之意者也；《礼》孔子所雅言，为寻常人说法者也）；孟子道性善，荀子道性恶（两义皆孔子所有。言大同者必言性善，太平世当人人平等也；言小康者必言性恶，拨乱世当以贤治不肖也。故言性善者必言扩充，近于自由主义；言性恶者必言克治，近于专制主义）；孟子称尧舜，荀子法后王（尧舜者，大同之代表也，《礼运》所谓“大道之行也，天下为公，选贤与能”等是也；后王者，禹、汤、文、武、成王、周公，小康之代表也，《礼运》所谓“三代之英”、所谓“六君子”也，所谓“天下为家，各亲其亲，各子其子，货力为己，大人世及以为礼，……礼义以为纪”等是也），此其大端也。若其小节，更仆难终。孟子既没，公孙丑、万章之徒，不克负荷，其道无传。荀子身虽不见用，而其弟子韩非、李斯等，大显于秦，秦人之政，壹宗非、斯。汉世六经家法，强半为荀子所传（见汪容甫《述学》）。而传经诸老师，又多故秦博士。故自汉以后，名虽为昌明孔学，实则所传者，仅荀学一支派而已。此真孔学之大不幸也（汉代学术在荀派以外者，惟《公羊春秋》耳）。

汉儒流派繁多，综其大别，可分两种：

（一）说经之儒。

（二）著书之儒。

（一）说经之儒。在昔书籍之流布不易，故欲学者皆凭口说，非师师相传，其学无由，故家法最重焉。今请将各经传授本师，列表如下：

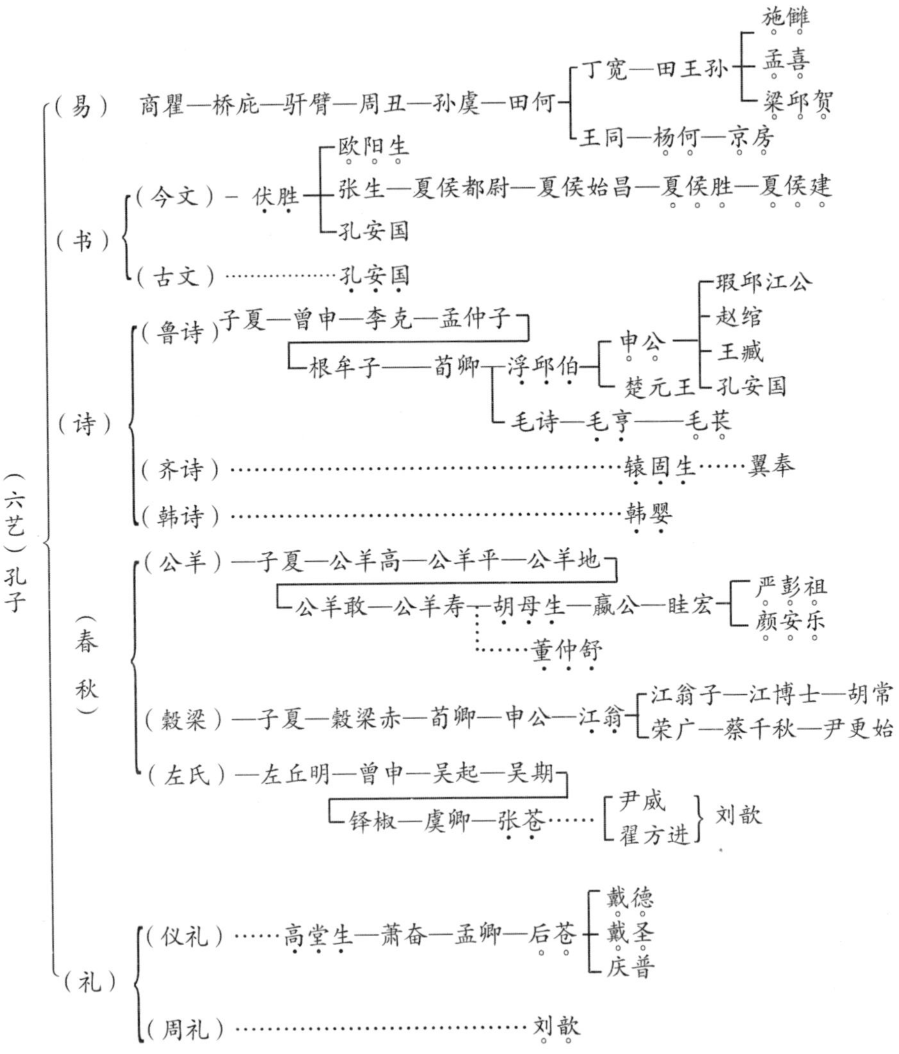

表例说明：

一、凡传授不断者，以——为识；传授不明者，以……为识。二、所表传授人，只据故书，其真伪非著者之责任。三、每经于汉初第一本师，下施“.”为识；立于学官者，下施“。”为识。

由此观之，《鲁诗》《毛诗》《穀梁春秋》《左氏春秋》，皆出自荀卿，传有明文；而伏生、辕固生、张苍，皆故秦博士；《礼经》传授，高堂生之前，虽不可考，然荀卿一书，皆崇礼由礼之言，两戴记又多采荀卿文字，则其必传自荀门，可以推见。若是乎两汉经术，其为荀学者十而七八，昭昭然也。

论两汉经学学派，最当注意者，今古文之争是也。今文传自西汉之初，所谓"十四博士列于学官"者是也；古文兴于西汉之末，新莽篡国、刘歆校书时所晚出者也。今文虽不足以尽孔学，然犹不失为孔学一支流，古文则经乱贼伪师之改窜附托，其与孔子之意背而驰者，往往然矣。古文虽不盛于汉代，然汉末、魏、晋间，马融、郑玄、王肃之徒，大扬其波；逾六朝以及初唐，沕定《五经正义》，皆为古文学独占时代。盖自是而儒者所传习，不惟非孔学之旧，抑又非荀学之旧矣。今将汉代所立于学官者，列其今古文之派为一表（见下页）。

综而论之，两汉经师，可分四种：（其一）口说家。专务抱残守缺，传与其人，家法谨严，发明颇少。如田何、丁宽、伏生、欧阳生、申公、辕固生、胡母生、江翁、高堂生等其人也。（其二）经世家。衍经术以言政治，所谓"以《禹贡》行水，以《洪范》察变，以《春秋》折狱，以三百五篇当谏书"。如贾谊、董仲舒、龚胜、萧望之、匡衡、刘向等其人也。（其三）灾异家。灾异之说何自起乎？孔子小康之义，势不得不以一国之权托诸君主。而又恐君主之权无限，而暴君益乘以为虐也，于是乎思所以制之。乃于《春秋》特著以元统天、以天统君之义，而群经亦往往三致意焉。其即位也，誓天而治；其崩薨也，称天而谥。是盖孔子所殚思焦虑，计无复之，而不得已出于此途者也。不然，以孔子之圣智，宁不知日蚀、彗见、地震、星孛、鹢退、石陨等地文之现象，动物之恒情，于人事上、政治上毫无关系也。而断断然视之若甚郑重焉者，毋亦以民权既未能兴，则政府之举动措置，既莫或监督之而匡纠之，使非于无形中有所以相慑，则民贼更何忌惮

汉代群经立于学官者之宗派

- 易
  - 杨（何） 武帝时立
  - 施（雠） 宣帝时立
  - 孟（喜） 同上
  - 梁邱（贺）同上
  - 京（房） 元帝时立
  - 《易》皆今文 无古文
- 书
  - （今文）
    - 欧阳 武帝时立
    - 大夏侯（胜） 宣帝时立
    - 小夏侯（建） 同上
  - （古文）孔（安国） 平帝时立
- 诗
  - （今文）
    - 鲁（申公） 武帝时立
    - 齐（辕固） 同
    - 韩（婴） 同
  - （古文）毛（苌） 平帝时立
- 礼
  - （今文）
    - 后（苍） 武帝时立
    - 大戴（德） 宣帝时立
    - 小戴（圣） 同
  - （古文）
    - 逸礼 平帝时立
    - 周官 未得立
- 春秋
  - （今文）
    - 公羊 武帝时立
    - 穀梁 元帝时立
    - 严（彭祖） 东汉初立
    - 颜（安乐） 同
    - （严、颜）二家皆公羊支子 出于胡母生者也
  - （古文）左氏 平帝时立

也。孔子盖深察夫据乱时代之人类，其宗教迷信之念甚强也，故利用之而申警之。若曰：“某某者天神震怒之象也，某某者地祇怨恫之征也，其必由人主之失德使然也。是不可不恐惧，是不可不修省。”夫人主者，无论何人，无论何时，夫安能无失德？则虽灾变日起，而无不可以附会。但使稍自爱者，能恐惧一二，修省一二，则生民之祸，其亦可以稍弭。此孔子言灾异之微意也。虽其术虚渺迂远，断不足以收匡正之实效，然用心盖良苦矣。江都最知此义，故其对天人策，三致意焉。汉初，大儒之言灾异，大率宗此旨也。及于末流，寖乖本谊，牵合附会，自惑惑人。如《书》则有《洪范五行》，《礼》则有《明堂阴阳》，《易》则京房之象数灾异，《诗》则翼奉之五际六情（齐诗派）。至于《春秋》，又益甚焉。驯至谶纬之学，支离诞妄，不可穷诘，骎骎竟起，以夺孔席，则两汉学者之罪也。（其四）训诂家。汉初大师之传经也，循其大体，玩经文（见《汉书·艺文志》），不为章句训故，举大义而已（见《汉书·儒林传》）。故读一经通一经之义，明一义得一义之用。自莽、歆以后，提倡校勘诂释之学，逮东都之末，则贾、马、许、郑，益覃心于笺注，以破碎繁难相夸尚，于是学风又一变。近启有唐陆（德明）、孔（颖达）之渊源，远导近今段（玉裁）、王（引之）之嚆矢，买椟还珠，去圣愈远。盖两汉经学，虽称极盛，而一乱于灾异，再乱于训诂。灾异乱其义，训诂乱其言，至是益非孔学之旧，而斯道亦稍陵夷衰微矣。

（二）著书之儒。今所传汉代著述，除经注词赋外，其稍成一家言者，有若陆贾之《新语》，贾谊之《新书》，董仲舒之《春秋繁露》，司马迁之《史记》，淮南王安之《淮南子》，桓宽之《盐铁论》，刘向之《说苑》《新序》，扬雄之《法言》《太玄》，王充之《论衡》，王符之《潜夫论》，仲长统之《昌言》，许慎之《说文解字》等，四百年中，寥寥数子而已。而《说文》不过字书，于学术思想全无关系。《盐铁论》专纪一议案，亦非可以列于作者之林。《新语》真赝未定，《新书》割缀所成，未足以概作者之学识。要之汉家一代著述，除《淮南子》外，皆儒家言也。而其有一论之价值者，惟董仲舒、司马迁、刘向、扬雄、王充、王符、仲长统七人而已。江都《繁露》，虽以说经为主，然其究天人相与之故，衍微言大义之传，实可为西汉学统之代表。《史记》千古之绝作也，不徒为我国开历史之先声而已，其寄意深远，其托义皆有所独见，而不徇于流俗。本纪之托始尧舜（五帝）也，世家之托始泰伯也，列传之托始伯夷也，皆贵其让国让天下，以诛夫民贼之视国土为一姓产业者也；陈涉而列诸世家也，项羽而列诸本纪也，尊革命之首功，不以成败论人也；孔子而列诸世家也，仲尼弟子而为列传也，尊教统也；《孟荀列传》而包含余子也，著两大师以明群学末流之离合也；老子、韩非同传，明道、法二家之关系也；游侠有传，刺客有传，厉尚武之精神也；龟策有传，日者有传，破宗教之迷信也；货殖有传，明生计学之切于人道也。故太史公诚汉代独一无二之大儒矣。彼其家学渊源，既已深邃（《太史公自序》称其父谈“学天官于唐都，受《易》于杨何，习道论于黄子”），生于天下之中央，而足迹遍海内（《自序》云：“迁生龙门，耕牧河山之阳。……二十而南游江、淮，上会稽，探禹穴，窥九疑，浮于沅、湘，北涉汶、泗，讲业齐、鲁之都……厄困鄱、薛、彭城，过梁、楚以归。于是仕为郎中，奉使西征巴、蜀以南，南略邛、笮、昆明，还报命。”盖今日版图，除两广、贵州、福建、甘肃五省外，史公足迹皆遍矣），其于孔子之学，独得力于《春秋》（《自序》称吾闻诸董生曰云云，盖史公于董子，必有渊源矣。《公羊传》屡引子司马子曰云云，吾友仁和夏曾佑，以为必史公也），而南派、北东派、北西派之精华，皆能咀嚼而融化之。又世在史官，承胚胎时代种种旧思想，磅礴郁积，以入于一百三十篇之中，虽谓史公为上古学术思想之集大成可也。刘中垒粹然醇儒，然为当时阴阳五行说所困，不能自拔。《说苑》陈义至浅，殆无足云。扬子云新莽大夫，曲学阿世，著《太玄》以拟《易》，著《法言》以拟《论语》，是足以代表当时学者乏创作力，而惟存模拟性也。王仲任颇思为穷理察变之学，然学识不足以副之，摭其小而遗其大。吾友余杭章炳麟，以比希腊之烦琐哲学，斯为近矣。节信（王符）、公理（仲长统）虽文辞斐然，然止于政论，指摘当时末流之弊而已，于数千年学术思想界中，不足以占一席。若是乎两汉之以著述鸣者，惟江都、龙门二子，独有心得，为学界放一线光明而已。嗟乎！斯道之衰，一何至是。君子观于此而益叹言论自由、思想自由之不可以已如是其甚也！

其于说经著书之外，足以觇当时文明之迹者，则词赋为最优。而枚乘、司马相如、扬雄、班固等，其代表人也。而唐都、洛下闳之历数，张仲景之医方（著《伤寒论》），张衡之技巧（制地动仪），亦有足多者焉。

其结果

儒学统一之运，既至两汉而极盛，其结果则何如？试举荦荦大者论之。

一曰名节盛而风俗美也。儒学本有名教之目，故砥砺廉隅，崇尚名节，以是为一切公德私德之本。孝武表章六艺，师儒虽盛，而斯义未昌，故新莽居摄，颂德献符者遍天下。光武有鉴于此，故尊崇节义，敦厉名实，以“经明行修”四字，为进退士类之标准。故东汉二百年间，而孔子之所谓“儒行”者，渐渍社会，寖成风俗。至其末造，朝政昏浊，国事日非，而党锢之流，独行之辈，依仁蹈义，舍命不渝，风雨如晦，鸡鸣不已，让爵让产，史不绝书，或千里以急朋友之难，或连轸以犯时主之威。论者谓三代以下，风俗之美，莫尚于东京，非过言也。夫当时所谓“名节”者，其果人人出于真心与否，吾不敢言。虽然，孟德斯鸠不云乎，立君之国，以名誉心为元气。孔子之政治思想（专就其小康之统言），则正孟德斯鸠所谓立君政体也，故其所以维持之者，莫急于尚名。沿至东京，而儒效极矣。《南史》有云：“汉世士务修身，故忠孝成俗。至于乘轩服冕，非此莫由。”顾亭林亦云：“名之所在，上之所庸，而忠信廉洁者，显荣于世；名之所去，上之所摈，而怙侈贪得者，废锢于学。即不无一二矫伪之徒，犹愈于肆然而为利者。”又日：“虽不能使天下之人以义为利，犹使之以名为利。”名节者，实东汉儒教一最良之结果也。虽其始或为“以名为利”之一念所驱，而非其本相乎；至其寖成风俗，则其欲利之第一性，或且为欲名之第二性所掩夺，而舍利取名者往往然矣。是孔学所以坊民之要具也。

二曰民志定而国小康也。孔子之论政，虽有所谓大同之世，太平之治，其所雅言者，总不出上天下泽，君臣大防。故东汉承其学风，斯旨最畅。范蔚宗之论，以为“桓、灵之间，君道秕辟，朝纲日陵，国隙屡启。自中智以下，靡不审其崩离。而权强之臣，息其窥盗之谋；豪俊之夫，屈于鄙生之议。”（《后汉书·儒林传论》）“所以倾而未颠，抑而未溃，岂非仁人君子心力之为乎？”（同，《左雄传论》）诚哉其知言也，儒教之结果使然也。自兹以往，二千余年，以此义为国民教育之中心点。宋贤大扬其波，基础益定。凡缙绅上流，束身自好者，莫不兢兢焉。义理既入于人心，自能消其枭雄跋扈之气，束缚于名教以就范围。若汉之诸葛，唐之汾阳，近世之曾、左，皆食其赐者也。夫共和之治，既未可骤几，则与其乱臣贼子，继踵方轨，以暴易暴，诚不如戢其戾气，进之恭顺，而国本可以不屡摇，生民可以不涂炭。两汉以后所以弑逆之祸稍杀于春秋，而权臣日少一日者，儒教治标之功，不可诬也。

此其结果之良者也。若其不良者则亦有焉。

三曰民权狭而政本不立也。儒教之政治思想，有自相矛盾者一事，则君、民权限不分明是也。大抵先秦政论，有反对极端之两派：曰法家，曰道家。而儒实执其中。法家主干涉，道家主放任。惟干涉也，故君与民为强制之关系；惟放任也，故君与民为合意之关系（即近于契约之关系）。惟强制关系也，故重等差；惟合意关系也，故贵平等。惟等差也，故压制暴威；惟平等也，故自由自治。此两者虽皆非政治之正轨，要之首尾相应，成一家言者也。儒家则不然。其施政手段，则干涉也（保民，牧民，皆干涉政策之极轨也）。其君臣名分，则强制也（所谓“君臣之义，无所逃于天地之间”）；其社会秩序，则等差也（《中庸》“亲亲之杀，尊贤之等，礼所生也”）；惟其政治之目的，则以压制暴威为大戒。夫以压制暴威为大戒，岂非仁人君子之极则耶？而无如不揣其本而齐其末，道固未有能致者也。儒教之所最缺点者，在专为君说法，而不为民说法。其为君说法奈何？若曰：汝宜行仁政也，汝宜恤民隐也，汝宜顺民之所好恶也，汝宜采民之舆论以施庶政也。是固然也。若有君于此，而不行仁政，不恤民隐，不顺民之所好恶，不采民之舆论，则当由何道以使之不得不如是乎？此儒教所未明答之问题也。夫有权之人之好滥用其权也，犹虎狼之嗜人肉也。向虎狼谆谆说法，而劝其勿食人，此必不可得之数也。谓余不信，则试观二千年来，孔教极盛于中国，而历代君主，能服从孔子之明训，以行仁政而事民事者，几何人也？然则其道当若何？曰：不可不箝制之以民权。当其暴威之未行也，则有权以监督之，当其暴威之方行也，则有权以屏除之；当其暴威之既革也，且有权以永绝之。如是然后当权者有所惮有所缚，而仁政之实乃得行。儒教不然，以犯上作乱为大戒，犹可言也；浸假而要君亦为大不敬矣，犹可言也；浸假而庶人议政，亦为无道矣。（儒教亦多非常异义，如汤武革命、顺天应人之象，视民草芥、视君寇仇之义，闻诛一夫、未闻弑君之言，皆所以限制暴威之不二法门也。虽然，争权而必出于革命，惨矣，伤矣。且革命之后，复无所以限其权者，前虎退而后狼进，是革之无已时，而国将何以立也！故徒杀一虎杀一狼，不可也，必求所以绝虎狼之迹者；即不能，亦必使虎狼不能食人。由前之说，则共和政体是也；由后之说，则立宪君主政体是也。欲成郅治，舍此何以哉！而惜乎儒者之有所顾忌而不敢昌言也。此所以虽有仁心，而二千年不能蒙其泽也）是何异语人曰：吾已诫虎狼勿噬汝，汝但恭顺俯伏于其侧，虽犯汝而不可校也。虽曰小康时代，民智民力未充实，或有不能遽语于此者乎？虽然，其立言之偏，流弊之长，则虽加刀于我颈，我固不得为古人讳也。故儒家小康之言，其优于法家者仅一间耳。法家以为君也者有权利无义务，民也者有义务无权利；儒家（专指小康）以为君也者有权利有义务，民也者有义务无权利。其言君之有义务也，是其所以为优也。虽然，义务必期于实行。不然，则与无义务等耳。夫其所以能实行者何也？必赖对待者之权利以监督之。今民之权利，既怵于学说而不敢自有；则君之义务，其何附焉？此中国数千年政体，所以儒其名而法其实也（吾非崇道家言，道家思想之乖谬而不全更甚也）。故夫东京末叶，鸿都学生、郡国党锢诸君子，膏斧钺实牢槛而不悔，往车虽折，而来轸益遒。以若此之民德，若此之士气，苟其加以权利思想，知要君之必非罪恶，而争政之实为本权，则中国议会之治，虽兴于彼时可也。徒以一间未达，仅以补衮阙为责任，以清君侧为旗帜，曾不能乘此实力，为百世开治平，以视希腊、罗马之先民，其又安能无愧也！呜呼！吾不敢议孔子，吾不能不罪荀卿焉矣。

四曰一尊定而进化沈滞也。进化与竞争相倚，此义近人多能言之矣。盖宇宙之事理，至繁赜也。必使各因其才，尽其优胜劣败之作用，然后能相引以俱上。若有一焉，独占势力，不循天则以强压其他者，则天演之神能息矣。故以政治论，使一政党独握国权，而他政党不许容喙；苟容喙者，加以戮逐，则国政未有能进者也。若是者谓之政治之专制。学说亦然。使一学说独握人人良心之权，而他学说不为社会所容，若是者谓之学说之专制。苟专制矣，无论其学说之不良也；即极良焉，而亦阻学问进步之路。此征诸古今万国之历史而皆然者也。儒教之在中国也，佛教之在印度及亚洲诸国也，耶教之在泰西也，皆曾受其病者也。但泰西则自四百年来，异论蜂起，举前此之缚轭而廓清之，于是乎有哲学与宗教之战，有科学与宗教之战。至于今日，而护耶教者自尊之如帝天，非耶教者自攻之如粪土。要之欧洲今日学术之昌明，为护耶教者之功耶？为攻耶教者之功耶？平心论之，两者皆与有力焉。而赫胥黎、斯宾塞之徒，尤偶乎远矣。而泰东诸国，则至今犹生息于一尊之下，此一切群法，所以瞠乎后也。吾之为此言，读者勿以为吾欲攻孔子以为耶氏先驱也。耶氏专制之毒，视中国殆十倍焉。吾孔子非自欲以其教专制天下也；末流失真，大势趋于如是，孔子不任咎也。若耶则诚以专制排外为独一法门矣。故罗马教会最全盛之时，正泰西历史最黑暗之日。吾岂其于今日，乃欲摭他人吐弃之唾余而引而亲之？但实有见夫吾中国学术思想之衰，实自儒学统一时代始。按之实迹而已然，证之公例而亦合，吾又安敢自枉其说也！吾更为读者赘一言：吾之此论，非攻儒教也，攻一尊也。一尊者，专制之别名也。苟为专制，无论出于谁氏，吾必尽吾力所及以拽倒之。吾自认吾之义务当然耳。若夫孔子，则固云“万物并育而不相害，道并行而不相悖”，孔子之恶一尊也亦甚矣。此乃孔子之所以为大所以为圣，而吾所顶礼赞叹而不能措者也。

或曰儒教太高尚而不能逮下，亦其结果不良之一端焉。盖当人智未盛之时，祸福迷信之念，在所不免。顾儒教全不及此，使骇愚妇孺无所依仰，夫以是而不得不出于他途。坐是之故，道家入之，释家入之，驯至袁了凡派所谓太上老君、文昌帝君者纷纷入之，未始非乘儒教之虚隙而进也。虽然，以祸福迷信之说牖民，虽非无利，而利或不胜其敝。吾中国国教之无此物，君子盖以此自喜焉。

孔教研究

辜鸿铭

一

子曰："学而时习之，不亦说乎？有朋自远方来，不亦乐乎？人不知而不愠，不亦君子乎？"

——《论语·学而》

孔子在《论语》中所谈及的，绝对是出于一个真正有修养人的经验之谈。它说明，要想成为一个真正有修养的人必须要具备怎样的情神，怎样的品质以及怎样的心态。对于一个真正有修养的人来说，他首先应当对他所研究的事物倾注全部的、无私的爱。因为人只有钟情于所学，才能懂得其所学。如今人们正在肆无忌惮地谈论那已经变得声名狼藉的中国古代传统教育体制的缺陷，然而，据我所看到的孔子的经典而言，它依然是有其不可取代的优点的。

在古代传统的教育体制下，如果一个学生可以有幸成为一名真正的受教育者，那么，他必定会是一位君子，一位真正具有良好品德修养的人。当人们热烈地谈论那些被引进到中国的新的教育体系与制度时，我则在心中对其表示怀疑。理雅各博士在谈及乾隆年间计划出版的带有注解的、由很多博学的大儒参与编纂的宏大典籍时，曾经说过："外国人不应当小看中国的博学

1924年泰戈尔访问北京时，与辜鸿铭（右二），徐志摩（左二）等人

之士——也就是中国古代塾馆里的博学大儒们——他们自身也已证明他们对文化具有献身精神。”然而，那些新体制所培养出来的以及那些钟情于“新体制”的知识分子——例如曾参加过科举考试并高中“状元”的现任农贸部部长张謇（张謇现在也变成了新体制的主要支持者）——对文化都已彻底丧失热情，却只对铁路、采煤、石油以及兑换业务，也就是那些可以带来现钱的东西才怀有巨大的兴趣和热情。

而那些中国古代的饱学之士，他们虽然自身不可避免地存在着不足，但却都或多或少地拥有不少高雅的情趣。他们讨厌那种大型的聚会——有茶水、点心以及饮料，在一个很大的厅堂中举行的那种大型聚会。人们从不曾听说过古代塾馆中的博学大儒们在掌声雷动、彩旗飘飘、公众云集、万人攒动的报告大厅中做报告。古代塾馆的博学大儒们只是从那些和他们志同道合的朋友当中获取快乐；这些朋友并非是故意精心挑选的，大都是从远方慕名前来拜访的人。古代塾馆的儒生们所仰慕的人是孔子。他们对孔子进行学习研究，并尽量按照孔子的学说去身体力行。可是，他们并没有意图去建立孔子的教会，也不会自己高呼并力图让其他人也和他一起高呼“孔子！孔子！”在这些古代塾馆的儒生们眼中，儒教本身就是一种宗教，如同一个英国绅士在一位女士问他皈依哪种宗教时所做的回答：“一切有理性的人的宗教。”“但是，请问这样的宗教又是什么样的呢？”那位女士又问道。绅士回答道：“一种一切有理性的人对此所达成的默契并且决不用来谈论的宗教。”

实际上，因为引入了“新学”，中国知识分子已经在思想上发生了极大的变化。孔子在《礼记》中说过：“我听说，来和学是一种美妙的享受，但是我从未听说过，去和教是一种美妙的享受。”古代塾馆的学生们所希望的只是去学习，并致力于让自己的学识和修养不断地深厚，最终臻于完美。但“新学”所希望的只是去教导别人，仅仅致力于所渴望阐释的一切欲望，去揭示他们发现的“新学”、体制、“信仰”、哲学、心理学以及宗教。假如古代塾馆的儒生们淡及“Erziehung”，他们会用“学问”二字去代指学习和探求。但“新学”体系下的学生们却将“Erziehung”的表达改变，他们将其称作“教育”，意思是指“教和育”。比如北京政府的教育机构如今就称作“教育部”（即教和育的机构），而不是称作学部（即学习的机构）。

也许你们要问，单单一个名字又能造成怎样的区别呢？这区别就是，古代塾馆的儒生只是为了让自己的才能得以增长而学习，以满足他们自身的需要，于是他们守着昏黄的油灯，三更灯火五更眠，去学习、研究古代传统的美德和智慧，而他们通过这种方式不仅可以学到真正的知识，并且还能拓展胸怀，以达到华兹华斯在《远行》中所描述的那种“关于天、地、人”的境界。而这正是一位真正的博学之士应该了解并具备的知识。

但“新学”体系下的学子却并不仿效此道，他们并非是三更灯火五更眠，守着油灯学习古代的传统智慧与美德，而是以多种多样的方式拥到灯光明亮的孔教聚会大厅，向人们慷慨激昂地讲授如何建立起一个完美的儒家教育体系，或者到那些灯光明亮的基督教青年会聚会大厅去做报告，向人们讲述如何让每个人在社会公德方面如同做报告的人一样趋于完美！亨利·诺曼先生在其著作《新的日本》的某一章中，将日本称作“一个学校里的民族（意思就是好学的民族）”。但是对于“新的中国”而言，我担心，人们还无法将其称作一个好学的民族。孔子说过“古之学者为己，今之学者为人”。对新时代的中国来说，只能说这个民族兴建了很多学校，建造了很多造价昂贵的校舍，可是这一切都只是为了别人接受教育，并非让自己真正接受教育。

英国诗人科伯在谈及他生活的那个时代的一位布道士时，曾满怀激情地对主教说过如下的话：

> 哦，你们头戴圣冕
> 保护教会！可你们却没能将
> 同样有力的双手放在那些
> 既无法教又不愿学的人的头上！

在当前的中国，假如一个人想要成为改革派或共和主义宗教的布道士的时候，并不一定要有个头戴圣冕的主教将双手放于他的头上，这件事是幸运还是不幸呢？这就要看你是如何看待的了。只是，因此而造成的后果是，在当今世界上，改革派及共和主义宗教的布道士早已变得参差不齐了。好的、极好的；坏的、极坏的，以及那些不好不坏的，简直就像是从北京大街上的小贩摊上买来的水果筐一样，缺少头戴圣冕的好主教的比率是十比一，乃至一百比一，他们从事监察及领导工作——这些没有任何才能的人，除去胆子大与脸皮厚外，基本是凭借运气才被人发觉，得以出头的。如今，和改革派与共和主义（也就是“新学”）宗教的那些胡作非为、恬不知耻的布道士相比，中国人尤其显得孤立无援，没有任何办法。据我所知，贫困的中国人一直到现在，还很难预见这一切意味着什么。《圣经》说“就像瞎子在引导瘸子”，孟子则言之凿凿地说：“贤者以其昭昭使人昭昭，今也以其昏昏使人昭昭。”

在这里我想要指出的是，中国目前面临的是没有任何希望的局势，就教育来说，造成这种局势的就是如今所谓的那些新学信徒们——那些如今已经是新学的教师或将来想要成为教师的人。在这里，借一位英国诗人的话形容，他们中的绝大部分人都是那些根本就没有能力教授别人、并且自己也无志于学的人。

那些中国及中国人民真正的朋友以及对中国的教育有兴趣的外国人应该思考一下，对中小学生以及大学生在精神、品质以及情趣方面的熏陶，远远要比他所学习的那些实用性的知识重要。我在本文开头时引论了孔子《论语》一书中的一段话，从那里你们就可以发现一个儒生所具备的真正精神（一位君子型儒生的精神）。我们可以这样来描述这种精神：首先，他一定要对他的所学怀有无限的爱心，他才会从中找寻到真正的乐趣；其次，他一定要在和他交往的那些志趣相合的朋友身上找到欢乐，而非在有茶水、点心以及饮料的大型聚会厅中寻找快乐；最后，当别人认不出他或对他毫无所知的时候，他不会产生报怨。假如外国的那些中国以及中国人的真正朋友，牢牢地记住了孔子所说的这些话，那么，当人们请求他们在教育事业上给予帮助时，他们就会去帮助那些值得帮助的人，帮助那些具备真正精神的博学之人。在当前新时代的中国。所需要的并非那所谓的焕然一新的新学、新宪法、新帽子或新靴子，而是一种新的精神，一种真正的精神、真正的君子之道，而这又恰恰和中国古语中所说一样：

所谓道（精神），就是让万物充满生机的东西。

二

有子（孔子的一名弟子）曰："其为人也，孝弟而好犯上者，鲜矣；不好犯上而好作乱者，未之有也。君子务本，本立而道生。孝弟也者，其为仁之本与！"

——《论语·学而》

孔子一辈子都在强调教育教学与文化的重要性。这方面孔子与培根的观点相同，培根说过："专业人员只能做一些局部工作或者是对其加以评断。然而总体规划以及对事情的设想和领导，最好还是让智者去做。"根据孔子的学说来看，教育自身并非目的，教育和文化应当一起为一个目的服务。一个好的学生并不单单是为能成为一个伟大的、有知识的人而学习，即便是在勤奋学习的过程中，陪伴、慰藉、酬报他的那些欢乐和陶醉本身，也非主要目的。当有人对中国的成语"开卷有益"津津乐道时，程灏——这位宋代的博学大儒、严谨的孔子式的清教徒——则回应说：如果没有方法和目的，仅仅是为了从书里得到消遣的那种无计划的读书，就是浪费光阴，并且那种读书也会将我们的灵魂玷污。一个好学生在研习经典著作过程中的唯一目的与目标应当是：理解生活，探究人生之道，进而懂得我们应当如何生活，如何去过一种真正意义上的人的生活。

如若遵循孔子的教诲，按照他教导的那般去完善自我修养，尽力去做一名好学生，那么我们就要在孔子弟子的言谈中找到孔子学说中那些关于如何生活、如何真正生活的真谛。而想要弄清我们应当如何生活的话，首先我们一定要明确一个问题的概念，那就是我们是为什么而活？我们都知道，基督教教义是这样表达人类最主要的目标的："人类之根本目的，就在于赞美上帝。"这样一种理解或许很正确，但却不够明确。在这方面，如同我们所看到的那样，孔子的学说是十分清晰明确并且没有任何歧义的。“孝弟也者，其为仁之本与！（意思是说人生之本在于孝悌）”据我来看，这恰恰正是孔子学说和别的大的宗教思想体系或者说真正的宗教（如佛教与基督教）的根本区别之处。佛教与基督教的宗旨之一是教育教导人们如何成为一个好人，而孔子的学说则在这上面更进一步，它教导人们如何成为一个好的社会性公民。佛教与基督教告诫人们，如果他们想要成为一个好人，一个上帝之子，他们便只需思考灵魂的状态以及对上帝的义务，而无需思考现实社会。而儒教作为另一种学说则认为，对于保持良好的心境来说，思考灵魂的状态当然是十分必要的，但与此同时还必须去思考上帝用来安置人类的社会，以便按照上帝的意愿去完成其功业。如果人们希望可以对上帝尽义务，那么与此同时他也需要对人类尽义务，也就是孝悌的义务。实际上，宗教在原本意义上（如佛教与基督教）就是告知人们，当人们作为公民居住在这个世界上时，就无法成为一个好人。因而要想做一个好人就需要下定决心脱离现实世界，也就不再是一个公民。换句话说，原本意义上的宗教（如佛教与基督教）是这样的：为人们筹划如何隐迹在山野荒林，同时它也是为那些在北戴河避暑的小屋中，不干其他事，而只对其灵魂状态以及对上帝的义务进行思考的人而设立的。而孔子学说中的精义却与其大相径庭。只要人们乐意，可以将其称作宗教，也可以将其称作道德体系，它告知人们作为公民应当怎样生活，也就是为那些卡莱尔说的“要纳税、付租金和有烦恼”的人而设立的宗教。

简而言之，人们可将这种孔教称作良民的宗教。可也会有人说，它压根就不是一种宗教。的确，它也许本来就不是一种宗教，我原本也承认，它并非是为那种笼罩着神圣光环的圣者设立的宗教。而是一种对那些纳税的、交房租的普通百姓而设立的宗教，故此它并非是一种享乐主义的宗教。正是由于它并非是为那些狂热的圣徒而设立的，它也就不是属于那些幸运的宠儿的宗教。这种宗教里面的教徒，是没有条件在北戴河的避暑小屋中安逸地生活的。在此我想要指出的是，生活中奉行孔教的教义准则要比奉行佛教与基督教的教义准则困难得多。假如有人想要成为一名优秀的僧人或基督教徒，只需要剃度，披上袈裟，住到寺院或北戴河，在那里冥思其灵魂状态以及对上帝的义务就可以了。但是，要想变成一位优秀的孔教弟子，那就不单需要思考其灵魂状态以及对上帝的义务，而且需要思考对全人类的义务。要切实地履行责任、善行以及礼数，要像对待岳母一样地对待共和国的首领。简单地说，儒教（孔子的学说体系）就相当于孝悌的宗教，它并非是一种享乐主义的宗教。另外，我还想说明的是，虽然儒教（孔子的学说体系）不是一种灵光四射、让人疯狂的宗教。可它却与佛教和基督教一样在世界上获取了一样伟大、辉煌的成就。如同渊博的中国文化学教授罗伯特·道格拉斯先生在伦敦大学说过的那样："虽然儒教只是一种适合于平淡而非极富冒险之胡人精神的实用性道德体系，但它却是一种无可比拟的强大力量，足以让亚洲大陆上的大多数居民统一在一个泱泱大国当中，而且让其生活在一种秩序与和平当中。"

在如今的中国，最让我诧异的是，那些满脑子带着"新学"来到中国的人们，却去教育那些原本就将良民宗教当成自己唯一宗教的中国民众如何去做一个良民，如何在社会道德中将自身完善；并且教育那些拥有世界上最悠久古老的历史文化的中国大众们如何去治理自己的国家。在这点上，那位前往埃及去为英国的政治家讲授应当怎样治理大英帝国的美国总统罗斯福是不会提出异议的。但实际上人们不应当对此感到讶然，因为在如今中国的这所谓的"思想家"是那样的厚颜无耻、鄙陋不堪，然而却依然和外国人一样享有特权。但是对我们来说，事情最滑稽（或者说最可悲或其他别的什么叫法）的一面是"新学"中向一个国家的民众所展示的治国之术，早在罗马帝国前期就已不再是什么新鲜东西了。但这些所谓的博学之士，这些接受过教育的人里面的精英，这些帝国里的精神贵族们不但将这种无聊的东西提出，还在小心翼翼地守护着这种"新学"，并且对其坚信不渝。但这在我看来，只有1900年的义和团所呈现的那种扭曲的癫狂精神以及昏聩糊涂可以和其相提并论。这些东西，全是些看起来不错的装满新酒的旧酒囊饭袋，如同现在人们在中国见到的效仿欧洲人的穿着四处游荡炫耀的中国人一样。

严格地说，我认为，假如世界上还有值得中国人民需要向别的民族学习的东西，那肯定不是统治之术。英国有一句很好的谚语：“布丁的味道，只有吃了才知道。”除去古罗马，也许还能加上现在的英国，从古到今，还有哪一个民族在统治如许庞大的国家上所取得的成功、在政治统治上所获取的成功能够和中国人民的成功相媲美呢？这里我所说的统治，自然不是指那些制定宪法、召开国会、议论政治以及大声吵闹之类，而是指让整个国家都处在和平和秩序当中。

既然中国人民在统治上获得了如许杰出的成就，那么其获取成就的秘密是什么呢？其实这个秘密并不是什么深奥的东西，而是包含在这么一句看起来十分寻常的格言中：“有治人无治法。”换句话说，中国人民之所以能在政治统治上获取如此巨大的成就，是由于他们并没有在宪法上煞费心力，而是找到了统治之道的根本，可以让中国人自觉地让自己成为良民（孝悌者）。我们的那些立法人包括一切伟大的立法人不是致力于法律、法规和宪法的整治，而是依靠他们所挑选的那些适合的人。我想在这里指出，中国的帝王或者说君主的真正任务并非是统治，不是忙于细节的管理，而在于选拔出合适的人才。他先是对他们所选拔出来的人所展示的良好的精神和风范予以鼓励，并静观其变，看他们是不是拥有真正良好的精神和风范。简略地说，中国统治者或者说帝王的真正任务，不单是需要担负起培养国家公务人员良好品格的职责，而且需要担负起培养全民族良好品格的职责。实际上，对于中国官员来说，他们的任务除去管理外，更主要的是负责培养全民族良好的品格，以便让人民具备自觉的精神而非仅仅是依赖政府。歌德对什么是最好的统治形式这个问题给出一个回答：“最好的统治形式，是让统治成为一种多余的形式。”

已故去的麦嘉温博士在他的有关中国人共同生活的描述中说过："人们所观察到的这个民族最引人注目的特点就是他们的组织和联合能力，同时这也是人类社会文明的最明显标志之一。对他们来说，组织与联合行动十分容易。原因就在于他们内心具备一种对权威的尊崇以及遵纪守法的本性。他们这种温驯平和并不等于那种精神衰落的、遭受阉割的驯良，而是源于一种习惯性的自制，和长期在地方、村庄或市政事务里保持着自治而出现的结果。相对于国家而言，他们更多地学会了自我依赖。如果将这个民族里那些最为贫穷以及从未接受过教育的人带入某个荒岛上面的话，他们能迅速地将自己组合成一个政治实体，如同那些接受过理性民主教育的人们所采取的举措一样。"

中国人治理国家之所以获得如此巨大的成就，秘密就在"有治人无治法"这个原则之中。这原则是他们所需要并为之一心一意所努力的，教化着大众，让他们遵循孝悌，而非为了制定宪法而煞费心思。另外，正如麦嘉温博士所谈及的，他们遵循孝悌之教并获得如此杰出成就，秘密同时也在于他们内心深处对权威的尊崇。而这种基本准则正是整个教育体系的基础，同时也是古代知识的传授与宗教（也就是中国的良民宗教）的基础。因为内心深处有一种对权威的尊崇，所以我们中国人向来拥有麦嘉温博士所声称的那种"理性民主"。起码从公元纪元的汉朝开始到民国之前的情况一直都是这样，假如我们内心深处不具备对权威的尊崇的话，我们得到的就只能是大家都知道的目前所处的"无政府状态"的共和政治下被人们称作"非理性民主"的东西。虽然中国的政治统治一直是君主政体，可我们却从未发生过专制，但现在人们却一致认为，中国的统治始终是一种独裁统治。假如一个民族拥有一种理性的民主精神，如同中国人民始终都拥有的一样，那么，专制就无法存在。中国历史上仅仅出现过一次专制，也就是秦始皇的暴政，他下令将书籍焚烧掉，那个时代的中华民族被那种"非理性民主"精神给吞噬了。实际上，这种"非理性民主"造成的后果——也许算是对它的治愈——

正是独裁。“非理性民主”越厉害，独裁政治就会变得越可怕。

在我看来，中国是一直拥有“理性民主政体”的，虽然从统治方式上来说一直是君主统治。然而中华民族却始终是一个民主的民族。我敢这么说，就我所知，中国人（这里我所指的是真正的中国人，而非人们现在在中国大街上或政府某机构中见到的、在打扮上模仿欧洲人的那帮人或者说是乌合之众）现在是世界上唯一的一个真正民主的民族。著作《中国佬约翰来书》的编者英国剑桥大学的罗斯·迪金逊教授，在他的最后一本游记里写到：“以前我从未到过这样的一个国家，这里的人民是这般的自尊自立并且这般的热情。例如在美国，每个人都以为有必要对你保证一点，那就是他和你同样和善，但实际上他们却非常粗暴地对待你。但在中国却大为不同，因为你可以明显地感觉到他们对你的和善。他们不具备那种个人权利的自我意识，却又不像人们在印度随处都能看到的那种匍匐在地上的卑下胆怯。中国人是真正的民主主义者，这一点从他们如何对待自己以及如何对待同胞的态度中就可以看到，他们已经达到了民主主义者一直期望西方国家所需要达到的那种标准。”也正是因为这些，我认为，现在中国人民是世界上唯一的一个真正民主的民族。而真正的“理性”民主主义者与“非理性”的民主主义者的不同也正在于此。那些真正的民主主义者，他们从未想过你和他们有何差距，而那些虚伪的民主主义者则在自我意识中感觉他们的确赶不上你，却又妄图通过维护自我意识去证明他们和你同样优秀。真正的民主主义者考虑的不是自己的权利，而是自己的义务。虚伪的民主主义者则会坚守自己的权利，而不履行自己的义务。理性民主和非理性民主的本质区别也正在于此。

我想对那些中国以及中国人民的真正朋友、那些对严肃关注着当前发生在这块土地上的事情的外国人说一下，中国的希望所在，既不是袁世凯，也不是那些用舞会与茶会款待外国人的效仿欧洲的假洋人们。我想对那些外国人说的是，中国的希望在于麦嘉温博士所说的中国人内心深处对权威的那种尊崇，在于一种良民宗教！虽然我们在最近两年半的时间里经历了剧烈的动荡，面对着一个除了搜刮挥霍财物、胡乱发布条令以及不断许愿之外什么也不去做的政府，可是，在如此一个泱泱大国中，人民依然在遵循着和平和秩序。仅仅就这一点，就能够让外国人诧异不已。对于这些现实，我们应当感谢的并非如很多外国人所想象的那样，是袁世凯的机敏聪慧或他的某位臣卒，而是中国人们还未曾丢掉他们内心深处对权威的尊崇以及良民宗教。简略地说，如今中国的希望不在于袁世凯，而在于孔子的良民宗教。在文章的开篇，我引用了孔子一个弟子的话，你们可以从里面发现对这种良民宗教的简洁阐释，并且还能将其要点做如下归纳：第一，和平、秩序和安宁乃至国家自身的存在，不是依靠法律与宪法，而是依靠中国的每个子民都发挥自己最大的力量，以此去过一种真正的虔诚生活，或者更现代地说，过一种道德生活；第二，孝悌应该被当作道德生活或者说虔诚生活的根本；第三，良民宗教的秘密在于人们履行义务而非争夺权利。人们对权威并不表现出不信任以及怀疑，而是表现出尊崇。对这种良民宗教，孟子曾用一句话加以概括：“爱其亲，畏其上，世永昌。”

如果那些中国以及中国人民真正朋友的外国人可以真正明白孔子弟子这段话的话，就可以对中国的各种事情有更好的理解，这就远胜于去读如白克好司与濮兰德所写的有关中国的那些浅显的书。国家的兴衰并不是如白、濮两位先生书中所展示的那样，最终取决于那些仆役、随从们好的或坏的品质，也就是那些给帝王或皇后们擦靴子、提包以及撑伞的人的品质。那些力求明白孔子良民宗教的外国人将会懂得，中国的和平、安宁和有序并非是依靠帝王的仆役、皇后的侍女那类人的品质，而是依靠生活在这块土地上的所有人，不管是尊贵的还是卑下的，国外的还是国内的，都应当发挥自己最大的力量，以此去过一种真正的虔诚生活。也就是说，他们的所有举动都是在尽自己的义务而非坚守自己的权利，即尽自己良民的义务。外国人中那些中国及中国人民的真正朋友在明白这些以后，便有利于阻止那些反对以及有损良民宗教的行径，如“不要脸、放肆、粗野、卑鄙”等（那些少数乐意并可以与其做斗争的人如今正处于观望之中。因为正如我所说过的，凭借这些所谓“新学、进步、自由以及共和主义”的中国人，他们在中国如同外国人处于境外法权中一样，压根不受任何孔教的制约），而非容忍或鼓励这二类行径。假如做到这些，外国人中那些中国以及中国人民的真正朋友，不单是在帮助在这块土地上的人们去重建和平和秩序，还可以支持世界上那些真正的文明事业，支持真正的进步以及真正的自由。这是由于真正的自由，如同法国人茹伯所说的一样，它所指的并非是政治上的而是道德上的自由、不是自由的人而是一种自由的灵魂。在中国话语系统中对“自由”的初始叫法也是指道德与灵魂的自由。如果中国人想要说一个民族没有自由的话，他们就会说这个民族中没有“道”。“道”在孔子的学说中所指的是一种本质性的法则。而本质性的法则又是所谓“天命”的表现。故此，中国人所说的自由实际是一种自由的灵魂，这是人生本质得以实现的法则。因此说这种自由是一种道德的自由，也就是对“天命”的服从，如同《旧约》中所说的：“我欢快地漫游，因为我是在寻找您的旨义。”

阳明学说之渊源及其影响

蒋梦麟

阳明学说有五个要点，我先把它们提出来说一说。（一）心，（二）理，（三）性，（四）良知，（五）知行合一。

一、心、理、性、良知

现在，我们请问，他所讲的心，到底是些什么。他说："心，即理也。天下又有心外之事，心外之理乎。"心以外无事，心以外无理。所谓事理，都包括在心内，此心只要："无私欲之蔽，即是天理，不须外面添一分。""以此纯乎天理之心，发之于事父，便是孝；发之于事君，便是忠；发之于交友治民，便是信与仁。只在此心去人欲存天理上用功夫便是。"

他又说，心不只是一团血肉。若是一团血肉，则刚死之人，血肉的心还在，为何不能视听言动呢？

心能知视听言动，便是这个心的性。这个心能知是非善恶，因为它是知理的。这知理也是出于性的。性也者，乃天之所命，不能外求者也。此心、性、理，发于眼，便是视，发于耳，便是听。这一切视听言动，都是从心发生的，所以"心是一身的主宰"，是一切视听言动的主宰者。

他进而又说，此心便是汝真己，这真己，即躯壳之主宰。无真己，等于无躯壳。有此心则生，无此心则死。故凡有知觉处，即有心。耳目之视听，手足之痛痒，此知觉即是心。

他以为致知格物的格，乃孟子“大人格君心之非”的格。格者，在去其心之不正，全其本体之正。“圣人之心，如明镜，重要的只是一个明。明则随感而应，无物不照。”若欲此心光明，洞照万物，只要去私欲、存天理便得。格者，乃理之动，心之运用。故心、理、性、良知，只是一件东西的各面，乃是天所生的，本来有的，无为而为的。儒家与佛家，对性之解释并无多大差别。儒说天命之谓性，性乃天赋。佛家说“性名自有”，是自己所固有的。人心之知，本于天性，故曰良知。良知、理本之于天，为自己所固有，而不待外求，故曰性。

总括言之，心之体（本体）曰性，心之用（运用）曰理，心能循理而知曰良知。

二、知行合一本于一心

我们讲到这里，已知阳明所谓心、性、理，都是讲这个心。推而言之，知与行也是讲这个心。故其知行合一之说，不单从日常经验中得来，乃是从其根本哲学上得来。知是心的运行，心的发动。运行发动，已是行的开始。故知之始，即是行之始。从知到行，只是心的一条鞭的运用，故知与行不能分作两段。知中包含有行，行中包含有知。知与行，为方便计，可有先后的分别。“知者行之始，行者知之成。”他进而又说：“知之真切笃处，便是行。行之明觉精察处，便是知。知行功夫，本不可离。只为后世学者分作两截用功，失却了知行本体。”故发为合一之说。

要知道一件事，谓之知，要心与官觉合作才能知。也可以说，如欲知，心要能指挥官觉，或官觉能受心的指挥才可。如此，知已是行了。要做成一件事，谓之行，亦同样的要心与官觉合作，由心指挥官觉，或官觉受心指挥才能行，如此，则行同时亦须知。

《中庸》里说：“心不在焉，视而不见，听而不闻，食而不知其味。”即日常经验证明这几句话是对的。不见不闻，知从那里来呢？不见不闻，行从那里下手呢？

依阳明先生的看法，知与行的指挥者，都是一个心。这心的运行，就是良知。这良知是知善知恶的，这良知是知行合一的，知善而行善，知恶而去恶。

三、阳明学说与孟子

我们现在看一看，他所称的心，是根据什么而来的。在儒家方面，他根据孟子。孟子说：“口之于味也，有同嗜焉。耳之于声也，有同听焉。目之于色也，有同美焉。至于心，独无所同然乎？心之所同然者，何也？谓：理也，义也。”（《孟子·告子》）所以孟子的心，乃人人所同然而识理义

邹国亚圣公孟子画像

的心。孟子的知，乃官觉与心合作的结果。心与官觉合作，而知事物之理，此知，即是知识。此点与佛家之唯识论，有相似处。唯识论有八识，除最后之末那识、阿赖耶识两者外，眼识即孟子之目之于色，耳识即耳之于声，鼻识、舌识即口之于味，身识、意识即心之于理义。从眼耳鼻舌身意，而知色声香味触法，与我国之知识论相似，即心统合官觉而成知识。佛家言意识，即儒家所云之识理义。从此，我们可以知道阳明先生所讲的心与知识，渊源于孟子。

心能知声香味触，即孟子所说良能。心能知官觉的意义，即孟子所说良知。知与能都是天赋的，良知良能与生俱来。“不学而知是良知，不学而能是良能。”（《孟子》）

佛家求知之道，分性相两条路。凡经官觉而可知，佛家谓之相，儒家谓之物，亦谓之器，均可从儒家所称的“下学”而致的。凡不能经官觉而知的，佛家谓之性，儒家谓之道，亦谓之性。

四、下学上达

阳明先生讲知，从器到道（从相到性），讲得极为清楚。我们可从他讲下学上达里看出来。他说：“夫目可得见，耳可得闻，口可得言，心可得思者，皆下学也。目不可得见，耳不可得闻，口不可得言，心不可得思者，上达也。如木之栽培灌溉，是下学也。至于日夜之所息，条达畅茂，乃是上达。人安能预其力哉。故凡可用功，可告语者，皆下学也。上达只在下学里，凡圣人所说，虽极精微，俱是下学。学者从下学里用功，自然上达去，不必别寻个上达功夫。”下学是讲相的功夫，上达是讲性的功夫。在这里先生讲儒家之下学上达，已与佛家之从相到性融合了。

五、妙明真心

我们现在要把阳明先生所讲的心和良知，与佛家所讲的心来作一番比较。阳明先生说：“天地万物，俱在我良知之发用流行中，何尝有一物超于良知以外。”此意谓心包括一切万物。故良知者，从心发出，乃心的运用，心的流动，而天地万物均在良知之中，良知以外便无一物（心即理也，心外无事，心外无物）。天地万物皆在心中。我们拿此心与佛经所讲之心比较，即知阳明之心，实受佛家的影响。佛经说：“三界唯一心，心外无别法。心佛及众生，是三无差别。”三界者：欲界、色界、无色界也。《楞严经》说：“汝身汝心皆是妙明真精妙心所现物。”又说：“不知色身外洎山河虚空大地，咸是妙明真心中物。”即身心乃精妙光明心中所现之物，亦即宇宙一切皆是妙明真心中物。由此可知，阳明的良知虽本源于孟子，但实际与孟子所讲良知已有很大的改变。此则因受佛教影响也。

我们已在前面讲过，他之所谓心，非血肉之心，而是指知理之心。此心，能知是非善恶，能指挥耳目五官而成官识，经过慎思明辨而成意识。此与佛教的关系又何如呢？佛教有两个音译辞，一是末那（Manas），一是质多（Citta）。他之所谓心者，乃《般若波罗密多心经》所称之心。这心从梵文汗栗驮耶（Hrdaya）意译而来。汗栗驮耶原意为草木之心，有时或指为肉团心（即阳明先生所云之血肉心）。此心后来演变为形而上的，超知识的心。所以他要指出知理之心，非血肉之心。因此也可以推测阳明先生所云之心，实受汗栗驮耶之影响。这形上的心，不是认识与记忆的心，盖此名质多（Citta），亦非末那（Manas），盖此指辨别与考虑之心。因此，汗栗驮耶一名，有时译为坚实心，或真如净心，此心是一切众生原有的，有时又称真如法性。以上种种译义，概括言之，此心坚固真实，常住不坏，乃众生本有之性。阳明先生所说，心外无物，心外无事，即佛家所说，一切之法皆心所生之唯心论。

佛家谓心如画师，能画种种颜色，故一切色皆是由心所生。此心弥漫宇宙，在此外无他物。佛家所求，即是此心，即《楞严经》所谓常住真心，永远不变不坏，不生不灭的。阳明先生所说的心，亦似此心，由此看来，阳明先生的学说，受佛教的影响很深。从基本哲学上看是如此，同时他自己亦承认的。

六、超知识的智慧

阳明先生尝谓："吾亦自幼笃志二氏，自谓既有所得，谓儒者不足学。其后居夷三载，见得圣人（孔孟）之学，若是简易广大，始自叹悔错用了三十年气力。大抵二氏之学，其妙与圣人只有毫厘之间。"他后悔错用了三十年功夫，是劝后辈学者不要再沉浸佛学。其意似谓佛学求超知识，不为修齐治平所必需，可以不必深入研究。所以他说："只说明明德而不说亲民，便似老佛。"此其意若谓佛老只在讲明德而止，儒家要进一步讲亲民，方能进入修齐治平的一条大路。

话虽如此说，但他之能在明代性理之学方面独树一帜，却还是靠他研究佛学的心得。中国受佛教的影响，以唐代为著，但佛教之真正影响我国思想，则始自宋代。大小程子、晦庵、象山、阳明诸先生之学问，盖无不受佛教之影响，阳明先生更能指出佛学之要点，而融化于儒家。

佛教分性相两宗，前已约略说过，现在再较详的说一遍。性宗想直接达到超知识的智识与智慧，此知识与智慧与我国所称之知识与智慧不同。我国之知识与智慧不是超知识的。相宗要从相入手，如手摸得到的，耳听得见的，眼看得到的，都是相。从万物的相里去探讨事物的理及其究竟，由此而达超知识的境地。宋儒（不一定指宋朝）分程朱与陆王两派，阳明先生即属陆王一派。程朱主张致知在格物（相），即从格物里求知，故近相宗。格之既多，自然一旦豁然贯通。格物者，相也。贯通者，性也。当然，这贯通未必是超知识的。陆王主张格物即格心。心明则性见。象山先生尝谓："东海有圣人出焉，此心同，此理同。西海有圣人出焉，此心同，此理同。"此则近乎超知识的。此心此理，弥漫于天地间，人的知识由心发生，当然，东海西海，此理相同。陆王之说重在心，故近性宗。由此可见，两派俱深受佛教影响。

儒家对超知识（般若）的学问，本不喜深究。但主张知是由内心发出，是与佛家相似的。我们可以从"尊德性而道问学"一句话里看出来。德性是发自内心的。因有此相似，宋儒乃能撷取佛教精义，融合而成一代性理之学。陆王与程朱，盖有似佛教之性与相两宗也。

七、阳明学说与《楞严经》

阳明先生研究佛学三十年，用力甚深。凡读过《楞严经》者，俱觉阳明学说似深受《楞严经》之影响。《楞严经》讲从相到心性之理。阳明先生所讲之知与心性，和《楞严经》所讲相近，并且他对禅宗极有研究。

《阳明年谱》载有一件趣事，可为举例。

有一次，他在杭州西湖见一僧坐关，三年不语不视，先生喝之曰："这和尚终日口巴巴说什么，眼睁睁看甚么？"僧惊而起。先生问有亲在否？曰，有亲在。念否？那得不念。翌日再访，则僧已去。

此僧三年不视，而阳明先生喝其为眼睁睁看甚么。此似根据《楞严经》盲人不失"见性"，故能见黑暗，目闭而"见性"仍在。这和尚虽闭目三年，当然眼前像走马灯似的经过之形像不知多少了。所以一喝而便惊起。

《传习录》还有一段记载，足以为先生深识性相关系之理。兹请试举例。一友举佛家以手指显出，问曰，众曾见否？众曰，见之。复以手指入袖，问曰，众还见否？曰，不见。佛说，还未见性。此义未明。先生曰：

"手指有见有不见。尔之'见性'，常在人之心神……"

大凡一种学问，自外传入，其内必有相似之物，并经相当期间才能吸收，否则就会格不相入。阳明先生将孟子之良知与佛家之智慧及真心联合起来，成为包括宇宙一切的心，成为他学说的中心。实际，阳明先生的良知，已近乎《楞严经》的妙明真心或常住真心，与孟子原说的良知已大有改变。中国之知识论，止于五官与心合作而得之知识，对于知识以上（超知识）的问题是不去深究的。阳明先生的良知是知识以上的东西，已入超知识境界。人或列其为狂禅，禅则有之，狂则未也。

八、宇宙的透视

佛教传入中国以后，对于讲人伦之道的儒家，最大的贡献，是要我们站在人群以上，万物以外看一看。这与老庄的哲学有些相似。但老庄的哲学只限于自然主义，教人能在海阔天空鱼跃鸢飞的大自然中逍遥自在，不受仁义道德的束缚。佛家教人，以这个世界，不过是恒河沙数之恒河里的一粒沙，真是渺小得不可思议，但是这心却包含了这无穷尽的大千世界。这种气象自然使儒家打开传统的窗子，向无限的空间探望，窥见其间万物，或如微尘荡漾晴空，或如琉璃澄澈透明，不为"见性"的障碍。

《佛经》中之般若，是指超知识的智慧。汗栗驮耶是指包括天地万物的心。性宗（包括禅宗）想直接达到此超知识之智慧的境界。相宗想从研究天地万物之真相而达到般若。儒家受佛教影响以后，知道知识与智慧以上，尚有超知识的智慧存在的可能。中国思想受此刺激，便要想透过万物去看个究竟。因为宇宙万物都不是永久的，所谓有为者皆不永久。在此不永久的后面，尚有个无为的永久的东西存在。佛家所求就是这永久的东西，即《楞严经》所称常住真心，或妙明真心，亦即《心经》所称"无上正等正觉"。儒家虽受佛教影响，但知之而并不深求。因儒家不愿离开现世的人类社会，另外创一“彼岸”世界，寻求超知识的智慧。儒家认为我们只要把这世界做好，则此世界便是极乐世界，从今日之小康可达将来之大同。天堂可以在尘世产生，不必另求。阳明先生劝后之学者不要再研究此问题——超知识的智慧问题。因为他以为佛家只注意正德，而忽略了利用厚生，故于国计民生无补。上面所说的“讲明德而不讲亲民，便是老佛”，即指此。但是他的学生因受佛教影响，对此问题仍不肯放松，还要继续探究，其中最重要的一部分是死生问题。

九、死生问题

讲到死生问题，《论语》有樊迟问死。孔子曰：“未知生，焉知死？”问事鬼神。孔子曰：“未能事人，焉能事鬼？”这一思想，深入中国人脑中。但死生大事，总有人想问个究竟。孔子知死生为一超知识问题，不是能靠学问与知识解决的。阳明弟子萧惠尝问先生死生之道。先生曰：“知昼夜，即知死生。……此心惺惺明明，天理无一息间断，才能知昼夜，这便是天德，便通乎昼夜之道而知，更有什么死生？”上面是阳明先生取《易经·系辞》里的一段话，来给学生解释死生问题的。学生虽不再追问，但并没有懂。现在的我们也仍是不甚清楚。阳明死后的六七十年（万历二十四年，1596年），明高僧《憨山老人年谱》在那一年的自叙中说：“周公鼎石讲阳明之学，率门人数十过访（时憨山在粤）。周公举‘通乎昼夜之道而知’发问。余曰：‘此圣人指示人，要悟不属死生的一着。’众皆罔然。再问，周公曰：‘死生者，昼夜之道也。通昼夜，即不属昼夜耳。’”（《憨山老人年谱·自叙实录》），现在我们想一想，通昼夜，何以便能知死生呢，到底还是有点含糊。大概而论，死生问题属于超知识方面，即宗教方面。儒家主张在现世创造理想社会，在人群中求不朽（立德、立功、立言），所以对于超知识之死生问题不大深究。盖中国社会本为一重人伦、重现世之社会，故不想在人群以外，或现世以外求不朽。所以死生问题，无论如何解释，我们听来总觉有些渺茫。这一问题若从宗教方面寻求解决，则又加一层超自然问题，故仍然遇着很多困难。

照以上的实录看来，阳明先生死后逾半世纪，尚有一位阳明学者带了几十个再传弟子们谒见对于《楞严经》研究有素的高僧憨山老人，向他请教对于阳明先生所未能痛快解答的死生问题。这又可为阳明学者们与高僧往还作一个例子。

可惜这个问题，佛家亦不能痛快直接解答。以下是摩楞迦多（Malunkyaputa）的一个故事，是作者从英译佛经里意译出来的。照这个故事看来，释迦牟尼答复这个问题，也和孔子答复樊迟“未知生，焉知死”同一精神。

佛的弟子摩楞迦多问佛，何以有许多问题没有讲给我们听。佛听后，既未承认，亦未否认。这些问题是：世界是永恒的，还是暂时的？世界是有限的，还是无限的？人的身体与灵魂是一件东西还是两件东西？人死后，是存在，还是不存在？或不存在，同时亦存在？或存在，同时亦不存在？佛回答说，我之所以不解释这许多问题，因为解释起来就好像下面的一个例子。

有人受箭射伤，因就医疗伤，并对医生说，你必须将射我者属何等人，其肤色如何，黑色、白色，还是黄色，及其所属阶级，农民、婆罗门，还是贱民等，一一讲明，我才要你拔箭。

佛说，若是要这样做，恐怕答复还没有完毕，这伤者早就死了。如果有人要我解答你们那些问题，恐怕没有讲完，这人也已经死了。人类的良好生活，不靠以上所说的种种教条。世界是否永久，知道也好，不知道也好，生老病死的苦始终存在。我为了要解除这种苦恼，所以我不讲世界永久或不永久的那种教条。因为于事无补，于宗教的道理亦无补，所以不讲。我所要讲的，是如何解除痛苦。照这样想，才有用处。只要记得，我讲过些什么事，什么事我没有讲过。

十、佛学的估值

我们讲阳明学说，所以要上溯孔孟，旁及佛老者，以此可以了解阳明学说之渊源与真义，并识先生融化儒佛之大业，以为吾人讲中西文化之借鉴。儒家之学本为经世之学，而先生以明德亲民而接“自己觉悟而具有救众生宏愿”之大乘佛教。

上面已说过，他以为只知明明德而不知亲民，便似老佛。其意以为佛教之讲般若，犹儒家之讲明明德，自有真理存在。惟佛氏要从般若而渡到彼岸之极乐世界，从儒家眼光看来，不如在这世界作亲民工作为是。这是要把佛学搬到这世界来谋人群的幸福。可是这也是大乘佛教菩提萨埵的本义。

他说大抵二氏之学（释老），其妙与圣人只有毫厘之间。这毫厘之间，就是儒家讲亲民，而佛老不讲亲民，此其一也。所以他又说：“明德是此心之德，即是仁。仁者以天地万物为一体，使有一物失所，便是吾仁有未尽处。”这是说亲民之重要。此理甚明白，因为儒家之学，格、致、诚、正、修、齐、治、平是一贯的。佛家达到修身一段后，就想直接到涅槃世界去，这是儒家所不赞成的。

其二为关于着相问题。他说：“佛氏不着相，其实着相。吾儒着相，其实不着相。……佛怕父子累，却逃了父子。怕君臣累，却逃了君臣。怕夫妇累，却逃了夫妇。都是为个君臣父子夫妇着了相，便须逃避。如吾儒有个父子，还他以仁，有个君臣，还他以义，有个夫妇，还他以别。何曾着父子君臣夫妇的相。”其三为其不可以治天下。阳明先生谓：“吾儒养心，未尝离却离事物，只顺其天则自然。释氏却要尽绝事物，把心看做幻相，渐入虚寂去了，举世间若无些子交涉，所以不可以治天下。”

上列三点，总括言之，儒家重经世，而释氏则主超世。此两者从表面看来，似有千里之差。然如以超世之达观，烛经之宏谋，则于老氏无为而治与夫儒家修齐治平之妙道，实只有毫厘之间耳。

十一、学庸论孟四书之集合及其影响

宋儒因受佛教的影响，由佛家之三宝，自然会联想到自家亦有至宝，归而求之有余师。于是把《大学》《中庸》从《礼记》里提出来，合《论语》《孟子》而成《四书》，作为教人求学的宗旨与方法。这四书合起来的影响，笼罩了我国思想垂八九百年。宋儒思想的发展，即由其中的几个基本思想演变出来的。其一为《中庸》之尊德性而道问学，其二为《大学》之致知在格物，其三为诚正修齐治平之一贯性，其四为明明德与新民（阳明先生作亲民讲），其五为孟子之性心与理义。后来宋儒的分派，亦由对于以上诸点，各有所偏重而演变出来的。

偏于道问学与格物的，成程朱学派。偏于尊德性与致知的，成陆王学

王阳明画像

派。其所以如此分派者，未尝不是受佛教性相两宗之影响。

十二、阳明学派之分布

阳明先生（1472—1529）卒后，门人散居全国各地者，其分布情形与学说概要，据梨洲先生《明儒学案》所集，全国共得六十六人。其中赣廿七人，浙十九人，苏皖九人，鲁豫陕七人，闽粤二人。梨洲先生说，他所搜集的，以可考证者为限。当然这不过是几个重要的领袖，其无文献足征者，都不在内。前述带了几十个学生去见憨山和尚的那位周姓阳明学者，就为《明儒学案》所未载，由此可知阳明再传弟子必相当的多。故梨洲先生《明儒学案·师说》篇里，说其门人遍天下，而且从他们的语录里看，知道他们讲良知，也大都同时讲佛学的。

我们在前面已经说过，良知是近乎超知识的，近于佛教的般若。这超知识须从下学，始可以上达。但其再传弟子们都未觉他们所求的良知是近乎超知识的。以为不从下学，可以达到。故愈讲而离真愈远，而对儒家的修齐治平之道，自然相离更远了。他们只是凭空虚想，所以愈想愈空了。

阳明先生想扫除宋以来专从书本中求真理的弊病，要用自己的心、自己的思想，来研究儒家修齐治平的道理。使学者把自己的思想从传统的束缚里解放出来，采取一种思想独立的态度。他以良知为真己，自能权衡是非，不靠外求。盖此颇近乎释迦牟尼“当以己为光，以己为依”之遗言，他的弟子们一传再传，虽流于空虚，但却能守思想独立之遗风，眼光放大，不泥于古，为后来吸收新思想的张本。

十三、黄梨洲顾亭林经世之学

这一遗风的流传，我们可从黄梨洲先生（1610—1695）方面看出来。

他在《明儒学案·自叙》里说："盈天地皆心也，变化不测，不能不万殊。故穷理者，穷此心之万殊，非穷万物之万殊也。是以古之君子，宁凿五丁之间道，不假邯郸之野马，故其途亦不得不殊。奈何今之君子，必欲出于一途，使美厥灵根者，化为蕉芽绝港。先儒语录，人人不同，只是印我之心体，变动不居。若执定局，终是受用不得。"

梨洲先生秉道并行而不相悖，万物并育而不相害的古训，搜罗各派学说，不问其正反。在《宋元学案》与《明儒学案》里探源溯流，讲的脉络分明，并且他在作《宋元明儒学案》之前，曾把应读的书读过。如《十三经》《廿一史》，百家九流，道藏佛藏，弥不究心。他说前人辟佛，不检佛书，但肆漫骂。梨洲有鉴于此，乃精研佛藏，深明其说。

又著《明夷待访录》，讲经世之学，以独立的思想，讲治国平天下的道理。他批评明代讲学之弊说："明人讲学，就语录之糟粕，不以六经为根据，束书不读，但从事于游谈。学者必先穷经，经术所以经世，乃不为迂儒。"又谓："读书不多，无以证斯理之变。读书多而不求于心，则又为伪儒矣。"

顾亭林（1613—1682）批评当时学风曰："百余年来之为学者，往往言心言性，而茫乎不得其解也。命与仁，夫子所罕言也。性与天道，子贡之所未得闻也。……今之君子则不然，聚宾客门人之学者数十百人……而一皆与之言心言性。舍多学而识，以求一贯之方。置四海穷困不言，而终日讲危微精一之说。……"这一段话，不只批评当时的阳明学派，也同时批评当时的程朱学派，因为宋儒都讲心性的。至亭林先生自己，便反其道而行之，以经世之学，来代替性理之学。他的《日知录》《天下郡国利病书》，皆是要解决国计民生问题。所以他批评当时学者，谓其置四海穷困于不顾，惟终日讲危微精一之说，诚慨乎言之。

在梨洲以前，西洋天文算学已由耶稣教士传入。他对天算很有兴趣，所以虽当军事危急时，尚坐船中，推究欧罗巴历法。

作者在余姚故乡私塾读书时，尝闻父老言：梨洲于清初仍寓余姚县城，居恒不去冠，冬夏如一，盖未剃发也。雕木为仪器，以测天体。人恒见其彳亍虞宦街，携仪器作测量。尝谓乡人曰，西洋之天算高妙，吾人与之相较，直如孩提之比成人耳。其后裔黄秉厚在宅建天文台，至今犹存。距作者余姚家宅，惟咫尺之隔耳。

梨洲《明夷待访录》，讨论政治、经济、田制、兵制、财制诸问题，不但切中明代时弊，且思为后世辟治国新途径。迨至清末，其影响革命思潮至巨。

十四、顾亭林致黄梨洲书

亭林本属程朱学派，批评王学不遗余力，但于经世之学与梨洲志同道合。及读《明夷待访录》，称许备至，因致书曰：

> 辛丑（1661，顺治十八年，时先生年四九）之岁，一至武林，便思东渡娥江，谒先生之杖履，而逡巡未果。及至北方，十有五载，流览山川，周行边塞，粗得古人之陈迹。……年逾六十（是年应为六十四岁），迄无所成。……自中年以前，不过从诸文士之后，注虫鱼，吟风月而已。积以岁月，穷探古今。……而于圣贤六经之行，国家治乱之原，生民根本之计，渐有所窥，恨未得就正有道。……大著《待访录》读之再三，于是知天下之未尝无人，百王之敝可以复起，而三代之盛可以徐还也。……炎武以管见为《日知录》一书，窃幸其中所论，同于先生者十之六七……附呈大教，倘辱收诸同志之末，赐以抨弹，不厌往复，以开末学之愚，以贻后人，以幸万世。

这封信，足以表示宋儒性理之争，已随明室之灭亡而暂告结束，而有清一代之学术，遂统一于经世之学。历史的、考据的、科学的研究，亦在此时奠其基础。盖亡国之痛，足以使学者猛省，不仅物极必反而已。

佛教在中国的演变

胡适

一、道安、鸠摩罗什与慧远都注重禅法。道安序《道地经》，称为“应真之玄堂，升仙之奥室”。他序《安般经注》，称为“趣道之要经”；又说“安般（出息入息）寄息以成守，四禅寓骸以成定。寄息故有六阶之差，寓骸故有四级之别。阶差者，损之又损之，以至于无为；级别者，忘之又忘

查良钊、胡适、梅贻琦、黄钰生合影

之，以至于无欲也。……修行经以斯二者而成寂。得斯寂者，举足而大千震，挥手而日月扪，疾吹而铁围飞，微嘘而须弥舞。”读这种说话，可知当时佛教徒中的知识分子所以热心提倡禅法，正是因为印度的瑜伽禅法从静坐调息以至于四禅定六神通，最合那个魏晋时代清谈虚无而梦想神仙的心理。禅的理论最近于无为无欲，而禅的理想境界又最近于神仙。道安倡之，罗什、慧远继续提倡，五世纪初期以后，中国佛教发展的方向遂倾向于禅学的方面。

看胡适《禅学古史考》及《佛教的禅法》（《文存》三集页三九五—四四八）。又僧祐《出三藏记集》六至十诸卷中的道安、慧远、慧观诸人的经序。

二、戒，定，慧，为佛法三门。戒是守律，定是禅定，慧是智慧。倘使在那个旷达颓废的风气之中，忽然产出了严守戒律的佛教，岂不成了世间奇迹？如慧远岂不是守律最严的和尚？（看《高僧传》中慧远及僧彻传）但他议论佛法，终只是侧重禅（定）、智（慧）二途。智慧即是六波罗密中的“般若波罗密”。那个时代（四世纪五世纪之间），印度佛教正盛行龙树（Nagargana）一派的空宗，又称“中道”（madbgamaka）。他们说一切法都是空的，都是假名。这一派的思想含有绝大的破坏性，有解放的功能。从二世纪之末以来，他们的经论（《般若》一系的经，《大智度论》《中论》《十二门论》等）陆续输入中国。这种极端的假名论（nominalism），和中国魏晋时代反对名教，崇尚虚无的风气也最相投。所以这一派的思想不久便风靡了全中国的思想界。当时所谓“禅智”，所谓“定慧双修”，其所谓“慧”与“智”，大致只是这一派的思想。

看《般若纲要》，及《中论》等。

三、五世纪前半，出了一个革命和尚，名叫道生（死于434）是慧远的弟子，又曾从罗什受业。他是绝顶聪明的世家之弟，又肯作深刻的思想，所以能把当时输入的佛教思想综合起来，细细考校。他说：“夫象以尽意，得意则象忘。言以诠理，入理则言息。自经典东流，译人重阻，多守滞文，鲜见圆义。若忘筌取鱼，始可与言道矣。”这是很重要的宣言。这就是说：“时候到了，我们中国人可以跳过这些拘滞的文字，可以自己创造了。经论文字不过是一些达意的符号（象），意义已得着了，那些符号可以丢掉了。”道生于是创造“顿悟成佛论”，说“善不受报”，说“佛无净土”，说“一阐提人（icchantika，是不信佛法的人）皆得成佛”。这都是革命的教义。一切布施，修功德，念佛求生净土，坐禅入定求得六神通，都禁不起这“顿悟”两个字的大革命。当时的旧学大攻击道生的邪说，把他赶出建业，他遂退居虎丘。后来大本《涅槃经》到南京，果然说一阐提人皆有佛性。于是生公的一个主张有了印证，他的“顿悟成佛”论也就有人信仰了。生公的顿悟论是中国思想对印度宗教的第一声抗议，后来遂开南方“顿宗”的革命宗派。

看《高僧传》（七）《道生传》《慧观传》，又（八）《昙斌传》《道猷传》《法瑗传》。又胡适《神会和尚遗集》（页三七—四一）。

四、但这个时代究竟还是迷信印度的时代，道生的顿悟论的革命成功还得等候三百年。这三百年中，禅学渐渐发达。梁慧皎作《高僧传》，所收“习禅”者只有二十一人；唐道宣在贞观时作《续高僧传》，中间只隔一百多年，“习禅”一门已有一百三十三人。但此中习禅的人仍是修习印度传来的渐修法门。这时代的大师如建立三论宗的吉藏（死于623），如作《大乘义章》的慧远（死于592），虽然能综括佛教的教义，作成比较有系统的叙述，但都没有什么创见新义。又如建立三阶教的信行（540—594），指出人的根机不同，当对根设教，应病下药，其说在当时虽然哄动一时，三阶教流传二百多年，但细考近年出现的三阶教典籍，他们的教义仍只是印度佛教的皮毛，繁琐细碎，没有什么精采的见解。

看《续高僧传》习禅一门。

看吉藏的《三论玄义》；慧远的《大乘义章》。

三阶教久已无闻，近年敦煌出土的三阶典籍散在伦敦、巴黎，日本也发现唐写本多种。矢吹庆辉博士的《三阶教之研究》最详尽。

五、那名誉最大的天台宗，也只是当时许多习禅者的一派。天台宗称龙树为远祖，其实不过是当时中国人整理佛教材料的一种运动，开山祖师是智顗，又称智者（538—597）。天台宗的教义有两大端，一是判教，一是止观。“判教”是把那许多佛经依佛的一生分作若干时代，初时说小乘经，中年说《方等》（Vaipulya，即是“方广”，即是扩大了的大乘），晚年说《般若》。还有那无处可归的《华严》（Avatamsaka or Buddâvatamsaka Sūtras），只好说是佛在母胎时上天去说的！这是因为中国人有历史的习惯，所以感觉那一大堆经典内容的矛盾，又不敢说是后人伪造的，只好说是佛在不同时代说的。这是晋宋以下许多人的主张，不过天台宗说的更烦琐，遂成为一种烦琐神学。其次，“止，观”本是印度禅法的两个阶段，天台宗用这两字来包括禅法的全部，“止”是禅定，“观”是理解；用理解来帮助禅定，用禅定来帮助理解，故名止观。天台宗解说“止观”二字便得用几十万字，这也成了中国的烦琐神学。

看智顗的《童蒙止观》（又名“小止观”），这是天台典籍中最可读的小册子。

六、当宋齐之际（约470），有个印度和尚菩提达摩到广州，转到北方，在中国约有四五十年。他是南印度人，受空宗的影响最大，所以他在中国教人抛弃一切经典，只读一部南印度的《楞伽经》。他的禅法最简单，说一切有情都有佛性，只为客尘所障，故须面壁坐禅，认得“凡圣第一”，便是得道。这条路名为“理入”。又有“行入”四事：一要忍苦，二要苦乐随缘，三要无所求，四要依本性净之理。“行入”的四事都是苦修的“头陀”（dhūta）行。——因为菩提达摩在北方甚久，故传授弟子，成为一个宗派，名为楞伽宗，又名南天竺一乘宗。此宗初期多有刻苦独行的人，但末流也变为讲诵注疏之学，故道宣说他们“诵语虽穷，历精盖少”。

看胡适的《菩提达摩考》（《文存》三集，页四四九—四六六），《楞伽宗考》（《胡适论学近著》第一集）。

看《续高僧传·感通门》《法冲传》。

看《楞伽会译》。

道教的精神

闻一多

自东汉以来，中国历史上一直流行着一种实质是巫术的宗教，但它却有极卓越的、精深的老庄一派的思想做它理论的根据，并奉老子为其祖师，所以能自称为道教。后人爱护老庄的，便说道教与道家实质上全无关系，道教生生的拉着道家思想来做自己的护身符，那是道教的卑劣手段，不足以伤道家的清白。另一派守着儒家的立场而隐隐以道家为异端的人，直认道教便是堕落了的道家。这两派论者，前一派是有意袒护道家，但没有完全把握着道家思想的真谛，后一派，虽对道家多少怀有恶意，却比较了解道家，但仍然不免于“皮相”。这种人可说是缺少了点历史眼光。一个东西由一个较高的阶段退化到较低的，固然是常见的现象，但那较高的阶段是否也得有个来历呢？较高的阶段没有达到以前，似乎不能没有一个较低的阶段，我常疑心这哲学或玄学的道家思想必有一个前身，而这个前身很可能是某种富有神秘思想的原始宗教，或更具体点讲，一种巫教。这种宗教，在基本性质上恐怕与后来的道教无大差别，虽则在形式上与组织上尽可截然不同。这个不知名的古代宗教，我们可暂称为古道教，因之自东汉以来道教即可称之为新道教。我以为如其说新道教是堕落了的道家，不如说它是古道教的复活。不，古道教也许本来就没有死过，新道教只是古道教正常的、自然的组织而已。这里我们应把宗教和哲学分开，作为两笔账来清算。从古道教到新道教是一个系统的发展，所以应排在一条线上。哲学中的道家是从古道教中分泌出来的一种质素。精华既已分泌出来了，那所遗下的渣滓，不管它起什么发酵作用，精华是不能负责的。古道教经过一个时期的酝酿，后来发酵成天师道一类的形态，这是宗教自己的事，与那已经和宗教脱离了关系的道家思想何干？道家不但对新道教堕落了的行为可告无罪，它并且对古道教还有替它提炼出一些精华来的功绩。道教只有应该感谢道家的。但道家是出身于道教，恐怕是千真万确的事实，它若嫌这出身微贱，而想避讳或抵赖，那却是不应当的。

闻一多

我所谓古道教究竟是什么样的东西呢？详细的说明，不是本文篇幅所许的，我现在只能挈要提出几点来谈谈。

后世的新道教虽奉老子为祖师，但真正接近道教的宗教精神的还是庄子。《庄子》书里实在充满了神秘思想，这种思想很明显的是一种古宗教的反影。《老子》书中虽也带有很浓的神秘色彩，但比起《庄子》似乎还淡得多。从这方面看，我们也不能不同意于多数近代学者的看法，以为至少《老子》这部书的时代，当在《庄子》后。像下录这些《庄子》书中的片段，不是一向被“得意忘言”的读者们认为庄子的“寓言”，甚或行文的词藻一类的东西吗？

藐姑射之山有神人居焉，肌肤若冰雪，淖约若处子，不食五谷，吸风饮露，乘云气，御飞龙，而游乎四海之外；其神凝，使物不疵疠，而年谷熟。……之人也，物莫之伤，大浸稽天而不溺，大旱金石流，土山焦而不热。（《逍遥游》）

夫道有情有信，无为无形，可传而不可受；可得而不可见，自本自根，未有天地，自古以固存，神鬼神帝，生天生地，在太极之先而不为高，在六极之下而不为深，先天地生而不为久，长于上古而不为老。豨韦氏得之，以挈天地，伏戏氏得之，以袭气母，维斗得之，终古不忒，日月得之，终古不息，堪坏得之，以袭昆仑，冯夷得之，以游大川，肩吾得之，以处大山，黄帝得之，以登云天，颛顼得之，以处玄宫，禺强得之，立乎北极，西王母得之，坐乎少广，莫知其始，莫知其终，彭祖得之，上及有虞，下及五伯，傅说得之，以相武丁奄有天下，乘东维，骑箕尾而比于列星。（《大宗师》）

至人神矣，大泽焚而不能热，河汉冱而不能寒，疾雷破山，飘风振海而不能惊。若然者，乘云气，骑日月，而游乎四海之外，死生无变于己。（《齐物论》）

以上只是从《内篇》中抽出的数例，其余《外杂篇》中类似的话还不少。这些决不能说是寓言（庄子所谓“寓言”有它特殊的涵义，这里暂不讨论），即是寓言，作者自己必先对于其中的可能性及真实性毫不怀疑，然后才肯信任它有阐明或证实一个真理的效用。你是决不会用“假”以证明“真”或用“不可能”以证明“可能”的，庄子想也不会采用这样的辩证法。其实庄子所谓“神人”“真人”之类，在他自己是真心相信确有其“人”的。他并且相信本然的“人”就是那样具有超越性，现在的人之所以不能那样，乃是被后天的道德仁义之类所斫丧的结果。他称这本然的“人”为“真人”或“神人”或“天”，理由便在于此。

我们只要记得灵魂不死的信念，是宗教的一个最基本的出发点，对庄子这套思想，便不觉得离奇了。他所谓“神人”或“真人”，实即人格化了的灵魂。所谓“道”或“天”实即“灵魂”的代替字。灵魂是不生不灭的，是生命的本体，所以是真的，因之，反过来这肉体的存在便是假的。真的是“天”，假的是“人”。全套的庄子思想可说从这点出发。其他多多少少与庄子接近的，以贵己重生为宗旨的道家中各支派，又可说是从庄子推衍下来的情绪。把这些支派次第的排列下来，我们可以发现神秘色彩愈浅，愈切近实际，陈义也愈低，低到一个极端，便是神仙家、房中家（此依《汉志》分类）等低级的，变态的养形技术了。冯芝生先生曾经说，杨朱一派的贵生重己说仅仅是不伤生之道，而对于应付他人伤我的办法只有一避字诀。然人事万变无穷，害尽有不能避者。老子之学，乃发现宇宙间事物变化之通则，知之者能应用之，则可希望“没身不殆”。庄子之《人间世》亦研究在人世中，吾人如何可入其中而不受其害。然此等方法，皆不能保吾人以万全。盖人事万变无穷，其中不可见之因素太多故也。于是老学乃为打穿后壁之言曰：

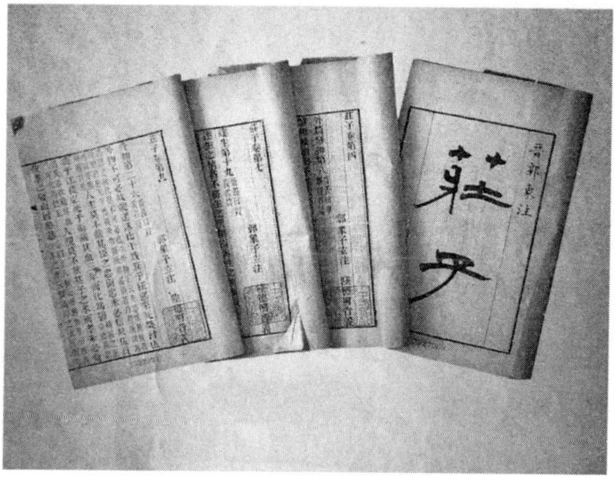

《庄子》清朝光绪年间刊印本

吾所以有大患者，为吾有身。及吾无身，吾有何患？

此真大彻大悟之言。庄学继此而讲“齐死生，同人我”。不以害为害，于是害乃真不能伤。由上面的分析，冯先生下了一个结论：“老子之学，盖就杨朱之学更进一层，庄子之学，则更进二层也。”冯先生就哲学思想的立场，把杨老庄三家所陈之义，排列成如上的由粗而精的次第，是对的。我们现在也可就宗教思想的立场，说庄子的神秘色彩最重，与宗教最接近，老子次之，杨朱最切近现实，离宗教也最远。由杨朱进一步，变为神仙房中诸养形的方技，再进一步，连用“渐”的方式来“养”形都不肯干，最好有种一服而“顿”即“变”形的方药，那便到了秦皇汉武辈派人求“不死药”的勾当了。庄和老是养神，杨朱可谓养生，神仙家中一派是养形，另一派是变形——这样由求灵魂不死变到求肉体不死，其手段由内功变到外功，外功中又由渐以至顿，——这便包括了战国、秦、汉间大部分的道术和方技，而溯其最初的根源，却是一种宗教的信仰。

除道家神仙家外，当时还有两派“显学”，便是阴阳与墨家了。这两家与宗教的关系，早已被学者们注意到了，这里无须申论。我们现在应考核的，是二家所与发生关系的是种什么样的宗教——即上文所谓古道教，还是另一种或数种宗教。关于这一点，我们首先可以回答，他们是不属于儒家的宗教。由古代民族复杂的情形看去，古代的宗教应当不只一种。儒家虽不甘以宗教自命，其实也是从宗教衍化或解脱出来的，而这种宗教和古道教截然是两回事。什么是儒家的宗教呢？胡适之先生列举过古代宗教迷信的三个要点：

> 一、一个有意志知觉，能赏善罚恶的天帝；
>
> 二、崇拜自然界种种质力的迷信如祭天地日月山川之类；
>
> 三、鬼神的迷信，以为人死有知，能作祸福，故必须祭祀供养他们。

胡先生认为这三种迷信“可算得是古中国的国教，这个国教的教主是‘天子’”，并说“天子之名，乃是古时有此国教的铁证。”胡先生以这三点为古中国“国教”的中心信仰是对的，但他所谓“古中国”似乎是包括西起秦陇，东至齐鲁的整个黄河流域的古代北方民族，这一点似有斟酌的余地。傅孟真先生曾将中国古代民族分为东西两大系，是一个很重要的观察。（不过所谓东西当指他们远古时的原住地而言，后来东西互相迁徙，情形则较为复杂。）我以为胡先生所谓“国教”，只可说是东方民族的宗教，也便是儒家思想的策源地。至于他所举的三点，其实只能算作一点，因为前二点可归并到第三点中去。所谓“以人死有知，能作祸福”的“鬼神迷信”确乎是宗教信仰的核心。其实说“鬼神迷信”不如单说“鬼的迷信”，因为在儒家的心目中，神只是较高级的鬼，二者只有程度的悬殊，而无种类的差异。所谓鬼者，即人死而又似未死，能饮食，能行动。他能作善作恶，所以必须以祭祀的手段去贿赂或报答他。总之事鬼及高级鬼——神之道，一如事人，因为他即生活在一种不同状态中的人，他和生人同样，是一种物质，不是一种幻想的存在。明白了这一层，再看胡先生所举的第一点。既然那作为教主的人是“天子”——天之子，则“天”即天子之父，天子是“人”，则天子之父按理也必须是“人”了。由那些古代帝王感天而生的传说，也可以推到同样的结论。我们从东方民族的即儒家的经典中所认识的天，是个人格的天，那是毫不足怪的。这个天神能歆飨饮食，能作威作福，原来他只是由人死去的鬼中之最高级者罢了，天神即鬼，则胡先生的第一点便归入第三点了。

《鲁语》载着一个故事，说吴伐越，凿开会稽山，得到一块其大无比的骨头，碰巧吴使聘鲁，顺便就在宴会席上请教孔子。孔子以为那便是从前一位防风氏的诸侯的遗骸。他说：

> 山川之灵石足以纪纲天下者，其守为神，社稷之守为公侯，皆属于王者。

吴使又问：“防风所守的是什么？”他又答道：

> 汪芒氏之君也，守封嵎之山者也，为漆姓，在虞、夏、商、周

为汪芒氏，于周为长狄，今为大人。

这证明了古代东方民族所谓山川之神乃是从前死去了的管领那山川的人，而并非山川本身。依胡先生所说祭山川之类是“崇拜自然界种种质力的迷信”，那便等于说儒家是泛神论者了。其实他们的信仰中毫无这种意味。胡先生所举的第二点也可以归入第三点的。

儒家鬼神观念的真相弄明白了，我们现在可以转回去讨论道家了。上文我们已经说过道家的全部思想是从灵魂不死的观念推衍出来的，以儒道二家对照了看，似乎儒家所谓死人不死，是形骸不死，道家则是灵魂不死。形骸不死，所以要厚葬，要长期甚至于永远的祭祀。所谓“祭如在，祭神如神在”之在，乃是物质的存在。惟怕其不能“如在”，所以要设尸，以保证那“如在”的最高度的真实性。这态度可算执着到万分，实际到万分，也平庸到万分了。反之，道家相信形骸可死而灵魂不死，而灵魂又是一种非物质的存在，所以他对于丧葬祭祀处处与儒家立于相反的地位。《庄子·列御寇篇》载有庄子自己反对厚葬的一段话，但陈义甚浅，无疑是出于庄子后学的手笔。倒是汉朝“学黄老之术”而主张“裸葬以反真”的杨王孙发了一篇理论，真能代表道家的观念。

且夫死者终身之化，而物之归者也。归者得至，化者得变，是物各反其真也。反真冥冥，亡声亡形，乃合道情。夫饰外以华众，厚葬以鬲真，使归者不得至，化者不得变，是使物各失其所也。且吾闻之：精神者天之有也，形骸者地之有也。精神离形，各归其真，故谓之鬼，鬼之言归也。其尸块然独处，岂有知哉？裹以币帛，鬲以棺椁，支体络束，口含玉石，欲化不得，郁为枯腊，千载之后，棺椁腐朽，乃得归土，就其真宅，繇是言之，焉用久客？

这完全是形骸死去，灵魂永生的道理，灵魂既是一种“无形无声”超自然的存在，自然也用不着祭祀的供养了。所以儒家的重祀祭祀，又因祭祀而重视礼文，在道家看来，真是太可笑了。总之儒家是重形骸的，以为死后，生命还继续存在于形骸，他们不承认脱离形骸后灵魂的独立存在。道家是重视灵魂的，以为活时生命暂寓于形骸中，一旦形骸死去，灵魂便被解放出来，而得到这种绝对自由的存在，那才是真的生命。这对于灵魂的承认与否，便是产生儒道二家思想的两个宗教的分水岭。因此二派哲学思想中的宇宙论，人生论，或知识论，以至于政治思想等，无不随着这宗教信仰上先天的差别背道而驰了。

作为儒道二家的前身的宗教信仰既经判明了，我们现在可以回到阴阳家与墨家了。阴阳家的学说本身是一种宇宙论，就其性质讲，与儒家远而与道家近，是一望而知的。至于他们那天人相应的理论，则与庄子返人于天之说极相似，所以尽可以假定阴阳家与道家是同出于一个原始的宗教的，司马谈论道家曰：

其为精也，因阴阳之大顺，采儒墨之善，撮名法之要。

这里分明是以阴阳家思想为道家思想的主体或间架，而认儒墨名法等，只有补充修正的副加作用。这也许要受阴阳家影响之后的道家的看法。然即此也可见阴阳家与道家的血缘，本来极近，所以他们的结合特别容易。钱宾四先生曾说“墨氏之称墨，由于薄葬”，我以为称墨与薄葬的关系如何还难确定，薄葬为墨家思想的最基本的核心，却是可能的，若谓“薄葬”之义生于“节用”，那未免把墨家看得太浅薄了。何况节用很多，墨子乃专在丧葬上大做文章，岂不可怪？我疑心节葬的理论是受了重灵魂轻形骸的传统宗教思想的影响，把节葬与节用连起来讲，不如把它和墨家重义轻生的态度看作一贯的发展，斤斤斤于“身体发肤，受之父母，不敢毁伤”的儒家，虽也讲

“杀身成仁”，但那究竟是出于不得已。墨家本有轻形骸的宗教传统，所以他们蹈汤赴火的姿态是自然的，情绪是热烈的，与儒家真不可同日而语。墨家在其功利主义上虽与儒家极近，但这也可说是墨子住在东方，接受了儒家的影响，在骨子里墨与道要调和得多，宋钘、尹文不明明是这两派间的桥梁吗？我疑心墨家也是与道家出于那古道教的。《庄子·天下》篇的作者把墨翟，禽滑厘也算作曾经闻过古之道术者，与宋钘、尹文、彭蒙、田骈、慎到、关尹、老聃、庄周等一齐都算作知“本数”的，而认“邹鲁之士，搢绅先生”所谈的只是“末度”，《天下》篇的作者显然认为墨家等都在道家的圈子里，只有儒家当除外。他又说“道术将为天下裂”，然则百家（对儒而言）本是从一个共同的道分裂出来的，这个未分裂以前的“道”是什么？莫非就是所谓古道教吧！这古道教如果真正存在的话，我疑心它原是中国古代西方某民族的宗教，与那儒家所从导源的东方宗教比起来，这宗教实在超卓多了，伟大多了，美丽多了，姑无论它的流裔是如何没出息！

庄子的思想

许地山

假若没有庄子，道家思想也不能成其伟大，但在《庄子》里，思想既然那么复杂，要确知庄周的思想实不容易。《荀子·解蔽篇》说："庄子蔽于天而不知人，"以庄子为因循天道而忽略人道。更详细的庄子学说评论存于《庄子》最后一篇《天下》里头。这篇把周末诸子评论过后，才介绍庄子的学说，看来，当然是传庄子学说的人所造。本学派的学者自评其祖师的话当然更为确切，现当引出。

许地山青少年时留影

芴漠无形，变化无常。死与，生与？天地并与？神明往与？芒乎何之？忽乎何适？万物毕罗，莫足以归。古之道术有在于是者，庄周闻其风而悦之，以谬悠之说，荒唐之言，无端崖之辞，时恣纵而不傥，不以觭见之也。以天下为沉浊，不可与庄语；以卮言为曼衍；以重言为真；以寓言为广。独与天地精神往来，而不敖倪于万物。不谴是非，以与世俗处。其书虽环玮，而连犿无伤也。其辞虽参差，而諔诡可观。彼者充实，不可以已，上与造物者游，而下与外生死、无终始者为友。

从《天下》这一段可以看出庄子的学说的渊源。他承受了老子对于宇宙本体的见解，以宇宙本体为寂寞无形，而现象界则变化无常。生死与物我的分别本是人间的知识，从本体看来，只是一事物的两面，故天地万物乃属一体。这是承传田骈的齐物说，以万物等齐，生死如一为立论的根据。至于他的处世方法，是“不谴是非，以与世俗处。”他以天下为沉浊，不能用庄正的语言来指示，所以要用卮言、重言和寓言。

在寓言里三种言，说：“寓言十九，重言十七，卮言日出，和以天倪。寓言十九，籍外论之。亲父不为其子媒，亲父誉之，不若非父者也。非吾罪也，人之罪也。与己同则应，不与己同则反。同于己为，是之；异于己为，非之。重言十七，所以已言也，是为耆艾。年先矣，而无经纬本末以期年耆者，是非先也。人而无以先人，无人道也。人而无人道，是之谓陈人。卮言日出，和以天倪，因以曼衍，所以穷年。不言则齐。齐与？言不齐。言与？齐不齐也。故曰无言。言无言，终身言，未尝不言，终身不言，未尝不言。有自也而可，有自也而不可；有自也而然，有自也而不然。恶乎然？然于然。恶乎不然？不然于不然。恶乎可？可于可。恶乎不可？不可于不可。物固有所然，物固有所可。无物不然，无物不可，非卮言日出，和以天倪，孰得其久？万物皆种也，以不同形相禅，始卒若环，莫得其伦，是谓天均。天均者，天倪也。”

世俗的是非，在有道者看来，完全不足计较，因为万物本无是非曲直，只是形状不同，互相禅代，像环一样，不能得其终始。有道者所交游的是造物者与外生死、无终始者。他所过的是逍遥生活。庄周的人生观是逍遥主义，而这个是从他所根据的《齐物论》而来。现在先略述他的《齐物论》。

（一）齐物论

庄周的齐物思想见于《齐物论》及《大宗师》。这思想是出于田骄的贵齐说。自齐宣王殁后，稷下的学者散于四方，田骈也去齐到薛，游于孟尝君之门。他的思想，或者因此传播到南方，造成了庄子的学说。《齐物论》好像是一部独立的著作，现在所存或是全篇的一部分，后部像未完，或久已佚去，但其中所述已能够使人明白了。《齐物论》的根本论点有三，便是是非、物我、生死的问题，今当分述如下。

天地万物与我本属一体，故万象都包罗在里头，无所谓是非真伪。如果依人间的知识去争辩，那就把道丢失了。所以《齐物论》说：

> 道恶乎隐而有真伪？言恶乎隐而有是非？道恶乎往而不存？言恶乎存而不可？道隐于小成，言隐于荣华。故有儒墨之是非，以是其所非而非其所是。欲是其所非而非其所是，则莫若以明。物无非彼，物无非是。自彼则不见，自知则知之。故曰，彼出于是，是亦因彼。彼是，方生之说也。虽然，方生方死，方死方生；方可方不可，方不可方可；因是因非，因非因是。是以圣人不由而照之于天，亦因是也。是亦彼也，彼亦是也。彼亦一是非，此亦一是非。果且有彼是乎哉？彼是莫得其偶，谓之道枢。枢始得其环中以应无穷。是亦一无穷，非亦一无穷也。

是非之争一起来，就各执一端不能见道的全体，故说“道隐于小成。”“彼出于是，是亦因彼，”注说：“夫物之偏也，皆不见彼之所见，而独自知其所知。自知其所知，则自以为是。自以为是，则以彼为非矣。故曰：‘彼出于是，是亦因彼。’彼是，相因而生者也。”

用现代的话讲，是非之辨，含有空间和时间的相因，没有客观的标准。所以说“彼是”如方生之说，生者方自以为生，而死者亦方自以其死为生，彼亦一是非，此亦一是非，不能偏执一方之辞来评定。得道者要在道枢上，看是非只是相对的存在，互相转运以至于无穷。道枢是彼此是非，种种相对的事物消灭了的境地。在道枢上看，莛与楹的纵横不分，厉与西施的美丑无别，这就名为天钧（或天均）。钧便是齐的意思。

其次，物我之见乃庸俗人所有。在这点上，庄周标出他的真人的理想。所谓真人，便是不用心知去辨别一切的人。《大宗师》说：

> 知天之所为，知人之所为者，至矣。知天之所为者，天而生也。知人之所为者，以其知之所知以养其知之所不知，终其天年而不中道夭者，是知之盛也。虽然，有患。夫知有所待而后当。其所待者，特未定也。庸讵知吾所谓天之非人乎？所谓人之非天乎？且有真人而后有真知。何谓真人？古之真人不逆寡，不雄成，不谟士。若然者，过而弗悔，当而不自得也。若然者，登高不栗，入水不濡，入火不热。是知之能登假于道也若此。古之真人，其寝不梦，其觉无忧，其食不甘，其息深深。真人之息以踵，众人之息以喉，屈服者，其嗌言若哇。其耆欲深者，其天机浅。古之真人，不知说生，不知恶死；其出不欣，其入不距；翛然而往，翛然而来而已矣。不忘其所始，不求其所终，受而喜之，忘而复之，是之谓不以心捐道，不以人助天，是之谓真人。若然者，其心志，其容寂，其颡頯，凄然似秋，暖然似春，喜怒通四时，与物有宜而莫知其极。

真人是自然人，他的知也是自天而生，成败、利害、生死、爱恶等等对立的心识都不存在。看万物与我为一，是“与天为徒”，是真人。在《齐物论》里也说：“天地与我并生，而万物与我为一。”物类同异的数目为巧历所不能纪的，若立在“一”的观点上也就无可说的了。

其三，爱生恶死乃人的恒情，庄子以为现象界的一切所以现出生死变化，只是时间作怪，在空间上本属一体，无所谓来去，无所谓生死。所以说真人是不知说生，不知恶死的。爱生的是不明死也可爱，《齐物论》用丽姬与梦的譬喻说：“丽之姬，艾封人之子也。晋国之始得之也，涕泣沾襟：及其所于王所，与王同筐床，食刍豢，而后悔其泣也。予恶乎知夫死者之不悔其始之蕲生乎？梦饮酒者，旦而哭泣；梦哭泣者，旦而田猎。方其梦也，不知其梦也，梦之中又占其梦焉，觉而后知其梦也。”

死的境地为生者所不知，所以畏惧，不知生是“天刑”，故如《养生主》所说，死是“遁天之刑”，是“帝之县解”。《大宗师》里用子祀、子舆四人的友谊来说明死的意味，今具引出。

> 子祀、子舆、子犁、子来四人相与语曰：“孰能以无为首，以生为脊，以死为尻；孰知生死存亡之一体者，吾与之友矣。”四人相视而笑，莫逆于心，遂相与为友。
>
> 俄而子舆有病，子祀往问之，曰：“伟哉！夫造物者将以予为此拘拘也！”曲偻发背，上有五管，颐隐于齐，肩高于顶，句赘指天，阴阳之气有鲛，其心闲而无事，跰跰而鉴于井，曰：“嗟乎！夫造物者又将以予为此拘拘也！”子祀曰：“女恶之乎？”曰：“亡。予何恶？浸假而化予之左臂以为难，予因以求时夜；浸假而化予之右臂以为弹，予因以求鸮炙；浸假而化予之尻以为轮，以神为马，予因而乘之，岂更驾哉？且夫得者时也，失者顺也，安时而处顺，哀乐不能入也。此古之所谓县解也。而不能自解者，物有结之。且夫物不胜天，久矣。吾又何恶焉？”
>
> 俄而子来有病，喘喘然将死，其妻子环而泣之。子犁往问之，曰：“叱！避！无怛化。”倚其户与之语，曰：“伟哉！造物又将

奚以汝为，将奚以汝适？以汝为鼠肝乎，以汝为虫臂乎？”子来曰：“父母于子，东西南北，唯命之从。阴阳于人，不翅于父母。彼近吾死，而我不听，我则悍矣，彼何罪焉？夫大块载我以形，劳我以生，佚我以老，息我以死，故善吾生者，乃所以善吾死也。今之大冶铸金，金踊跃曰：‘我且必为镆铘。’大冶必以为不祥之金。今一犯人之形，而曰：‘人耳！人耳！’夫造物者必以为不祥之人。今一以天地为大炉，以造化为大冶，恶乎往而不可哉？”成然寐，蘧然觉。

得道者，对于生死，漠然不关心，所以名为“游方之外者”。世俗人是方内人，甚至孔子也不能免于俗见，使子贡去吊子桑户的丧。《大宗师》里假托孔子说明方外人的生死观说：“彼方且与造物者为人，而游乎天地之一气。彼以生为附赘县疣，以死为决傣溃部。夫若然者又恶知死生先后之所在？假于异物，托于同体，忘其肝胆，遗其耳目，反覆终始，不知端倪，芒然彷徨乎尘垢之外，逍遥乎无为之业，彼又恶能愦愦然为世俗之体，以观众人之耳目哉？”这样看来，死究竟比生还自然，从拘束的形体解放出来，而达到真正与宇宙同体的境地。道家对于生死的看法与佛家不同也可以从这里看出来。死后所变的形体是变化不是轮回，所以同一人之身，一部分可化为有知的鸡，一部分也可以化为无知的弹丸，又一部分可以化轮化马。这变化不是个体的业力所致，实由于自然的运行，生者不得不生，死者不得不死。像佛家定意要求涅槃，在道家看来，也是徒劳，金在炉中，是不能自主的。

（二）逍遥游论

在哲学的根据上，庄子发展田骈的贵齐说，但在处世方法上都是承继杨朱的“全性保真，不以物累形”的思想。这全性保真的方法在《庄子》里名为逍遥游。逍遥的意义是将功名去掉，便能悠悠然自适其生活，一点也没有挂念。这思想在《庄子·内篇》里到处都可以找出，尤多见的是《逍遥游》《养生主》《人间世》《德充符》诸篇。在《逍遥游》里所述的鹏、冥灵、大椿，它们的生活与寿命已不是凡庸的生物所能比拟，何况能比得上得道者呢？他是“乘天地之正，而御六气之辩，以游无穷者。”要达到这个境地，必须舍弃功名与自我，所以说，“至人无己，神人无功，圣人无名。”名称上虽有圣人、神人、至人的分别，在这里都可当做得道者看。

至人无己的例如《齐物论》《应帝王》和《天地》所举许由、啮缺、王倪的故事。今依武内先生的校正将这段故事排列出来。

尧之师曰许由；许由之师曰啮缺；啮缺之师曰王倪；王倪之师曰被衣；尧问于许由曰：“啮缺可以配天下乎？吾藉王倪以要之。”许由曰：“殆哉！圾乎天下！啮缺之为人也，聪明睿知，给数以敏，其性过人，而又乃以人受天，彼审乎禁过而不知过之所由生。与之配天乎？彼且乘人而无天，方且本身而异形，方且尊知而火齐，方且为绪使，方且为物郾，方且四顾而物应，方且应众宜，方且与物化，而未始有恒。失何足以配天乎？虽然有族有祖，可以为众父，而不可以为众父父，治乱之率也，北面之祸也，南面之贼也。”（《天地》）

啮缺问乎王倪曰：“子知物之所同是乎？”曰：“吾恶乎知之？”“子知子之所不知邪？”曰：“吾恶乎知之？”“然则物无知邪？”曰：“吾恶乎知之？虽然，尝试言之。庸讵知吾所谓知之非不知邪？庸讵知吾所谓不知之非知邪？且吾尝试问乎女：民湿寝则腰疾偏死，鳟然乎哉；木处则惴栗恂惧，猿猴然乎哉？三者孰知正处？民食刍豢，麋鹿食荐，蝍且甘带，鸱鸦耆鼠，四者孰知正味？猿猵狙以为雌；麋与鹿交；鳟与鱼游。毛嫱、丽姬，人之所美也，鱼见之深入，鸟见之高飞，麋鹿见之决骤，四者孰知天下之正色哉？

自我观之，仁义之端，是非之涂，樊然淆乱，吾恶能知其辨？”啮缺曰：“子不知利害，则至人固不知利害乎？”王倪曰：“至人神矣！大泽焚而不能热，河汉冱而不能寒，疾雷破山，风振海而不能惊。若然者，乘云气，骑日月，而游乎四海之外，死生无变于己，而况利害之端乎？”（《齐物论》）

啮缺问于王倪，四问而四不知，啮缺因跃而大喜，行以告蒲衣子（被衣）。蒲衣子曰：“而乃今知之乎？有虞氏不及泰氏。有虞氏其犹藏仁以要人，亦得人矣，而未始出于非人。泰氏其卧徐徐，其觉于于，一以己为马，一以己为牛，其知情信，其德甚真，而未始入于非人。”（《应帝王》）

尧治天下之民，平海内之政，往见四子藐姑射之山汾水之阳，窅然丧其天下焉。（《逍遥游》）

这段故事说明至人无己的意义。许由、啮缺、王倪、被衣四人都是明了至人无己的人，事物的同异、得失、美恶，都不是他们所要知道的。维其不知，故未为非人的物所累。

其次，说明神人无功，庄子用藐姑射神人来做譬喻。

肩吾问于连叔曰：“吾闻言于接舆，大而无当，往而不反，吾惊怖其言，犹河汉而无极也，大有迳庭，不近人情焉。”连叔曰：“其言谓何哉？”曰：“藐姑射之山有神人居焉，肌肤若冰雪，绰约若处子；不食五谷，吸风饮露，乘云气，御飞龙，而游乎四海之外；其神凝，使物不疵疠而年谷熟。吾以是狂而不信也。”连叔曰：“然。瞽者无以与乎文章之观；聋者无以与乎钟鼓之声；岂唯形骸有聋盲哉？夫知亦有之。是其言也，犹时女也。之人也，之德也，将旁礴万物以为一，世蕲乎乱，孰弊弊焉以天下为事？之人也，物莫之伤：大浸稽天而不溺；大旱，金石流，土山焦而不热。是其尘垢秕糠，将犹陶

铸尧舜者也，孰肯以物为事？”（《逍遥游》）

神人虽与物接，而心不被缨拂，神不致憔悴，遗身自得，物莫能伤，看尧舜的功名不过是尘垢秕糠而已。第三，说圣人无名，用尧让位于许由的譬喻。

> 尧让天下于许由，曰：“日月出矣，而爝火不息，其于光也，不亦难乎？时雨降矣，而犹浸灌，其于泽也，不亦劳乎？夫子立而天下治，而我犹尸之，吾自视缺然，请致天下。”许由曰：“子治天下，天下既已治也，而我犹代子，吾将为名乎？名者实之宾也，吾将为宾乎？鹪鹩巢于深林不过一枝；偃鼠饮河不过满腹；归休乎君，予无所用天下为。庖人虽不治庖，尸祝不越樽俎而代之矣。”（《逍遥游》）

圣人能顺物，一切行为皆与天下百姓共，虽无为君之名，实有为君之德。他于天下既无所求，那更虚玄的名也可以不要了。尸祝不越俎代庖，是明各安其所，不相逾越，才能达到逍遥的境地。世人以为可宝贵的，在圣人看来实在无所用，像越人断发文身，用不着宋人的章甫一样。自我为世人所执持，功名为世人所爱尚，圣人一点也不介意，他所求的只如鹪鹩和偃鼠的生活而已。总之，庄子所求的是天然的生活，自任自适如不击之舟漂流于人生的大海上，试要在可悲的命运中愉快地渡过去。

这里可注意的是庄子的至人思想。上面所引的“至人无己”，《齐物论》的“至人神矣，大泽焚而不能热，河汉冱而不能寒，疾雷破山，风振海而不能惊”，《田子方》的“得至美而游乎至乐，谓之至人”，《外物》的“至人乃能游于世而不僻，顺人而不失己”，所标的至人都是庄子和他以后所用的新名词。至人与圣人不同，他是没有政治意味的，他只是知道者。有超越的心境，不以外物为思想的对象，离开民众而注重个人内心的修养的人都是至人。庄子以后用至人来敌对儒家的圣人，是思想上一个转变。至人有时也称真人，注重消极的保身，以治天下为不足道，故对于儒墨的思想加以抨击。上面列至人、圣人三个等第，明至人是最高的。但这里所谓圣人也与儒家所用的不同，是超乎治术之外的。

唐虞三代伦理思想之萌芽

蔡元培

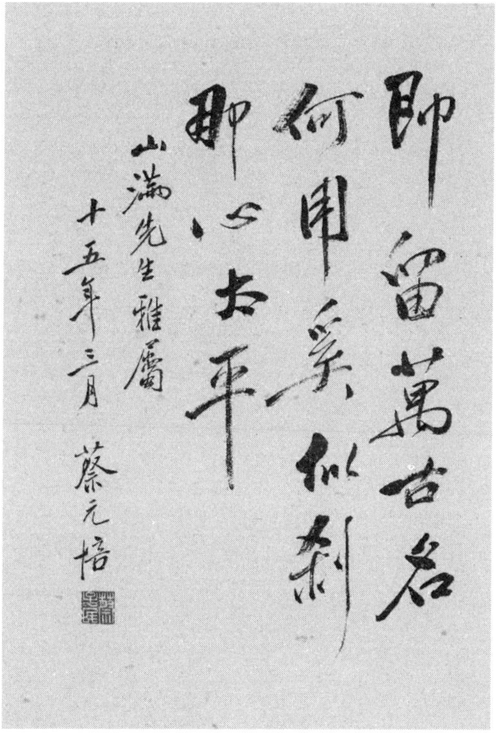

蔡元培书法，1926年作

伦理思想之基本 我国人文之根据于心理者，为祭天之故习。而伦理思想，则由家长制度而发展，一以贯之。而敬天畏命之观念，由是立焉。

天之观念 五千年前，吾族由西方来，居黄河之滨，筑室力田，与冷酷之气候相竞，日不暇给。沐雨露之惠，懔水旱之灾，则求其源于苍苍之天。而以为是即至高无上之神灵，监吾民而赏罚之者也。及演进而为抽象之观念，则不视为具有人格之神灵，而竟认为溥博自然之公理。于是揭其起伏有常之诸现象，以为人类行为之标准。以为苟知天理，则一切人事，皆可由是而类推。此则由崇拜自然之宗教心，而推演为宇宙论者也。

天之公理 古人之宇宙论有二：一以动力说明之，而为阴阳二气说；一以物质说明之，而为五行说，二说以渐变迁，而皆以宇宙之进动为对象：前者由两仪而演为四象，由四象而演为八卦，假定八者为原始之物象，以一切现象，皆为彼等互动之结果。因以确立现象变化之大法，而应用于人事。后者以五行为成立世界之原质，有相生相克之性质。而世界各种现象，即于其性质同异间，有因果相关之作用，故可以由此推彼。而未来之现象，亦得而豫察之。两者立论之基本，虽有径庭，而于天理人事同一法则之根本义，则若合符节。盖于天之主体，初未尝极深研究，而即以假定之观念，推演之，以应用于实际之事象。此吾国古人之言天，所以不同于西方宗教家，而特为伦理学最高观念之代表也。

天之信仰 天有显道，故人类有法天之义务，是为不容辨证之信仰，即所谓顺帝之则者也。此等信仰，经历世遗传，而浸浸成为天性。如《尚书》中君臣交警之辞，动必及天，非徒辞令之习惯，实亦于无意识中表露其先天之观念也。

天之权威 古人之观天也，以为有何等权威乎。《易》曰："刚柔相摩，鼓之以雷霆，润之以风雨。日月运行，一寒一暑。乾道成男，坤道成女。乾知大始，坤作成物。"谓天之于万物，发之收之，整理之，调摄之，皆非无意识之动作，而密合于道德，观其利益人类之厚而可知也。人类利用厚生之道，悉本于天，故不可不畏天命，而顺天道。畏之顺之，则天赐之福。如风雨以时，年谷顺成，而余庆且及于子孙：其有侮天而违天者，天则现种种灾异，如日月告凶、陵谷变迁之类，以警戒之；犹不悔，则罚之。此皆天之性质之一斑见于《诗》《书》者也。

天道之秩序 天之本质为道德。而其见于事物也，为秩序。故天神之下有地祇，又有日月星辰山川林泽之神，降而至于猫、虎之属，皆统摄于上帝。是为人间秩序之模范。《易》曰："天尊地卑，乾坤定矣。卑高以陈，贵贱位矣。"此其义也。以天道之秩序，而应用于人类之社会，则凡不合秩序者，皆不得为道德。《易》又曰："有天地然后有万物，有万物然后有男女，有男女然后有夫妇，有夫妇然后有父子，有父子然后有君臣，有君臣然后有上下，有上下然后礼义有所错。”言循自然发展之迹而知秩序之当重也。重秩序，故道德界惟一之作用为中。中者，随时地之关系，而适处于无过不及之地者也。是为道德之根本。而所以助成此主义者，家长制度也。

蔡元培

家长制度 吾族于建国以前，实先以家长制度组织社会，渐发展而为三代之封建。而所谓宗法者，周之世犹盛行之。其后虽又变封建而为郡县，而家长制度之精神，则终古不变。家长制度者，实行尊重秩序之道，自家庭始，而推暨之以及于一切社会也。一家之中，父为家长，而兄弟姊妹又以长幼之序别之。以是而推之于宗族，若乡党，以及国家。君为民之父，臣民为君之子，诸臣之间，大小相维，犹兄弟也。名位不同，而各有适于其时地之道德，是谓中。

古先圣王之言动 三代以前，圣者辈出，为后人模范。其时虽未谙科学规则，且亦鲜有抽象之思想，未足以成立学说，而要不能不视为学说之萌芽。太古之事邈矣，伏羲作《易》，黄帝以道家之祖名。而考其事实，自发明利用厚生诸述外，可信据者盖寡。后世言道德者多道尧舜，其次则禹汤文武周公，其言动颇著于《尚书》，可得而研讨焉。

尧 《书》曰：“尧克明峻德，以亲九族，平章百姓，协和万邦。黎民于变时雍。”先修其身而以渐推之于九族，而百姓，而万邦，而黎民。其重秩位如此。而其修身之道，则为中。其禅舜也，诫之曰：“允执其中”是也。是盖由种种经验而归纳以得之者。实为当日道德界之一大发明。而其所取法者则在天。故孔曰：“巍巍乎惟天为大，惟尧则之，荡荡乎民无能名也。

舜 至于舜，则又以中之抽象名称，适用于心性之状态，而更求其切实。其命夔教胄子曰：“直而温，宽而栗，刚而无虐，简而无傲。”言涵养心性之法不外乎中也。其于社会道德，则明著爱有差等之义。命契曰：“百姓不亲，五品不逊，汝为司徒，敬敷五教在宽。”五品、五教，皆谓于社会间，因其伦理关系之类别，而有特别之道德也。是谓五伦之教，所谓父子有亲，君臣有义，夫妇有别，长幼有序，朋友有信，是也。其实不外乎执中。惟各因其关系之不同，而别著其德之名耳。由是而知中之为德，有内外两方面之作用，内以修己，外以及人，为社会道德至当之标准。盖至舜而吾民族固有之伦理思想，已有基础矣。

夏禹像

禹 禹治水有大功，克勤、克俭，而又能敬天。孔子所谓“禹，吾无间然”“菲饮食而致孝乎鬼神，恶衣服而致美乎黻冕，卑宫室而尽力乎沟洫”，是也。其伦理观念，见于箕子所述之《洪范》。虽所言天赐畴范，迹近迂怪，然承尧舜之后，而发展伦理思想，如《洪范》所云，殆无可疑也。《洪范》所言九畴，论道德及政治之关系，进而及于天人之交涉。其有关于人类道德者，五事，三德，五福，六极诸畴也。分人类之普通行动为貌言视听思五事，以规则制限之：貌恭为肃，言从为乂，视明为哲，听聪为谋，思睿为圣。一本执中之义，而科别较详。其言三德：曰正直，曰刚克，曰柔克。而五福：曰寿，曰富，曰康宁，曰攸好德，曰考终命。六极：曰凶短折，曰疾，曰忧，曰贫，曰恶，曰弱。盖谓神人有感应之理，则天之赏罚，所不得免，而因以确定人类未来之理想也。

皋陶 皋陶教禹以九德之目，曰：宽而栗，柔而立，愿而恭，乱而敬，扰而毅，直而温，简而廉，刚而塞，强而义。与舜之所以命夔者相类，而条目较详。其言天聪明自我民聪明，天明威自我民明威，则天人交感，民意所向，即天理所在，亦足以证明《洪范》之说也。

商周之革命 夏殷周之间，伦理界之变象，莫大于汤武之革命。其事虽与尊崇秩序之习惯，若不甚合，然古人号君曰天子，本有以天统君之义，而天之聪明明威，皆托于民，即武王所谓天视自我民视，天听自我民听者也，故获罪于民者，即获罪于天，汤武之革命，谓之顺乎天而应乎民，与古昔伦理，君臣有义之教，不相背也。

三代之教育 商周二代，圣君贤相辈出。然其言论之有关于伦理学者，殊不概见。其间如伊尹者，孟子称其非义非道一介不取与，且自任以天下之重。周公制礼作乐，为周代文化之元勋。然其言论之几于学理者，亦未有闻焉。大抵商人之道德，可以墨家代表之；周人之道德，可以儒家代表之。而三代伦理之主义，于当时教育之制，有可推见。孟子称夏有校，殷有序，周有庠，而学则三代共之。《管子》有《弟子职》篇，记洒扫应对进退之教。《周官·司徒》称以乡三物教万民：一曰六德：知、仁、圣、义、中、和；二曰六行：孝、友、睦、姻、任、恤；三曰六艺：礼、乐、射、御、书、数。是为普通教育。其高等教育之主义，则见于《礼记》之《大学》篇。其言曰："大学之道，在明明德，在亲民，在止于至善。古之欲明明德于天下者，必先治其国；欲治其国者，先齐其家；欲齐其家者，先修其身；欲修其身者，先正其心；欲正其心者，先诚其意；欲诚其意者，先致其知；致知在格物。自天子以至于庶人，壹是，皆以修身为本。”循天下国家疏近于序，而归本于修身，又以正心诚意致知格物为修身之方法，固已见学理之端绪矣。盖自唐虞以来，积无量数之经验，以至周代，而主义始以确立，儒家言由是启焉。

Chapter 3 文学与史学

中国历史的一个看法

胡适

历史可有种种的看法，有唯心的，唯物的，唯人的，唯英雄的，……各种看法，我现在对于中国历史的看法，是从文学方法的，文学的名词方面的，是要把它当作英雄传，英雄诗，英雄歌，一幕英雄剧，而且是一幕英雄悲剧来看。

民族主义是爱国的思想，英国有名的先哲曾说过："一个国家要觉得它可爱时，是要看这个国家在历史上是否有可爱之点"，中国立国五千年，时时有西北的蛮族——匈奴、鲜卑……不断的侵入，可说是无时能够自主的，鸦片战争又经过百年，而更有最近空前的危急，在此不断的不光荣的失败历史中，有无光荣之点，它的失败是否可以原谅，在此失败当中，是否可得一教训。

这一出五千年的英雄悲剧，我们看见我们的老祖宗继续和环境奋斗，经过了种种失败与成功，在此连台戏中，有时叫我们高兴，有时叫我们着急，有时叫我们伤心叹气，有时叫我们掉泪悲泣，有时又叫我们看见一线光明，一线希望，一点安慰，有时又失败了，有时又小成功了，有时竟大失败了，这戏中的主人翁，是一位老英雄——中华——他的一生是长期的奋斗，吃尽了种种辛苦，经了种种磨难，好像姜子牙的三十六路伐西岐，刚刚平了一路，又来了一路，又好像唐三藏西天取经，经过了八十一大难，刚脱离了一难，又遭一难似的，这样继续不断奋斗，所以是一篇英雄剧，磨难太多，失败太惨，所以是一篇悲剧。

本来在中国的文字中——戏剧中、小说中，悲剧作品很少，即如《红楼梦》一书，原是一个悲剧，而好事者偏要作些圆梦、续梦、复梦等出来，硬要将林黛玉从棺材里拿起来和贾宝玉团圆，而认为以前的不满意，这真不知何故，或者他们觉得人类生活本来是悲剧的，历史是悲剧的，因此却在理想的文学中，故意来作一段团圆的喜剧。

在这老英雄悲剧中，我们把他分作几个剧目，先说到剧中的主人，主人是姓中名华——老中华，已如上述，舞台是“中国”，是一座破碎的舞台，——穷中国，老天给我们祖宗的，实在不是地大物博，而是一块很穷的地方，金银矿是没有的，除东北黑龙江和西南的云贵一部分外，都是要用丝茶到外国去换的，煤铁古代是不需要的，土地虽称广阔，然可耕之地不过百分之二十，而丝毫无用的地却有三分之一，所以我们的祖宗生下来，就是在困难中。

这剧的开始，要算商周，以前的不讲，据安阳发掘出来的成绩，商代民族活动区域，只有河南、山东、安徽的北部，河北、山西南部的一块，也许到辽宁一部，他们在此建设文化时，北狄、南蛮不断的混入，民族成了复杂的民族，在此环境之下，他们居然能唱一出大剧，这是一件很了不得的事情。我们现在撇开了“跳加官”一类开台戏，专看后面的几幕大戏。

第一幕　老英雄建立大帝国

中国有历史的时期自商周始，地域限于鲁豫，已如上述，在商代社会中迷信很发达，什么事情都问鬼，都要卜，如打猎、战争、祭祀、出门……事无大小，都要把龟甲或牛骨烧灰，看他的龟纹以定吉凶，在此结果，而发明了龟甲、牛骨原始象形的文字，这文字是很笨的图画，全不能表达抽象的意思，只能勉强记几个物事名词而已，在这正在建设文化的时候，西方的蛮族——周，侵犯过来了，他具强悍的天性，有农业的发明，不久把那很爱喝酒的、敬鬼的、文化较高的殷民族征服了，这一来，上面的——政治方面是属于周民族，下面的就是属于殷民族，二民族不断的奋斗：在上面的周民族很难征服下面的殷民族，孔子虽是殷人（宋国），至此很想建设一个现代文化，故曰"吾从周"，而周时，也有人见到两文化接触，致有民族之冲突，所以东方（淮水流域）派了周公去治理，南方（汉水流域）派了召公去治理，封建的基础，即于此时建设，但是北狄、南蛮在此政治之下经了长期的斗争，才将他们无数的小国家征服，把他们的文化同化，以后才成七个大国家，不久遂成一个大帝国。

至于文字方面，也是从龟甲上的，牛骨上的，不达意的文字，经过充分的奋斗，而变为后代的文字，文学方面、哲学方面、历史方面，都得着可以达意的记载，这是一件很不容易的事情。

在周朝的时候，许多南蛮要想侵到北方来，北边的犬戎也要侵到南部去，酝酿几百年，犬戎居然占据了周地，再经几百年，南方也成了舞台的部分。

此时的建设期中，产生了一个"儒"的阶级，儒本是亡国的俘虏——遗老，他本是贵族阶级，是文化的保存者，亡国以后，他只得和人家打打官司，写写字，看看地，记记账，靠这类小本领混碗饭吃而已，（根据《荀子》的《非十二子》篇），这班人——"儒"一出来，世界为之大变，因为他们是不抵抗者、是懦夫，我们从字义看，凡是和儒字同旁的字眼，都是弱的意思，如需（耎）字加车旁是软弱的輭（软）字，加心旁是懦字，加子旁是孺字，是小孩子，他们是唱文戏的，但是力量很大，因为他们是文化传播者，是思想界，老子后世称他为道家，但他正是"儒"的阶级中之代表，他的哲学是儒的哲学，他的书中常把水打譬喻，因为水是最柔弱的，最不抵抗的，这就是儒的本身，他们一出，凡是唱武戏的，至此跟着唱起文戏来了，幸而在此当中，出来一个新派，这就是孔子，他的确不能谓之儒者，就是儒者也是“外江”派，他的主张是“杀身成仁”，他说：“志士仁人，有杀身以成仁，无求生以害仁”，又说：“士不可以不弘毅，任重而道远，仁以为己任，死而后已”，这完全和老子相反，老子是信天的，主自然的，而新派孔子，是讲要作人的，且要智仁勇三者都发达，他是奋斗的，“知其不可而为之”，这就是他的精神，新派唱的虽也是文戏，但他们以“有教无类”打破一切阶级，所以后来产生孟子、荀子、弟子李斯、韩非，韩非虽然在政治上失败，而李斯却成了大功，造成了一个大帝国。（第一幕完）

第二幕　老英雄受困两魔王

不久汉朝兴起来了，一班杀猪的，屠狗的，当衙役的……起来建设了一个四百年的帝国，他们可说得上是有为者，如果没有他们的奋斗，则决不会有这四百年的帝国，但是基础究未稳固，而两个魔王就告来临！

第一个魔王——野蛮民族侵入，在汉朝崩溃的时候，夷狄——羌、匈奴、鲜卑都起来，将中国北部完全占领（300至600），造成江左偏安之局。

第二个魔王——印度文化输入，前一个魔王来临，使我们的生活野蛮化，后一个魔王来临，就是使我们宗教非人化，这印度文化侵略过来，在北面是自中央亚细亚而进，在南方是由海道而入，两路夹攻，整个的将中国文化征服。

原来中国儒家的学说是要宗亲——“孝”，要不亏其体，因为“身体发肤，受之父母，不敢毁伤”，将个人看得很重，而印度文化一来呢？他是“一切皆空”，根本不要作人，要作和尚，作罗汉——要“跳出三界”，将身体作牺牲！如烧手，烧臂、烧全身——人蜡烛，以献贡于药王师，这风气当时轰动了全国，自王公以至于庶人，同时迎佛骨——假造的骨头，也照样的轰动，这简直是将中国的文化完全野蛮化！非人化！（第二幕完）

第三幕　老英雄死里逃生

这三百年中——隋、唐时代是很艰难的奋斗，先把北方的野蛮民族来同化他，恢复了人的生活，在思想方面，将从前的智识，解放出来，在文学方面，充满了人间的乐趣，人的可爱，肉的可爱，极主张享乐主义，这于杜甫和白居易的诗中都可以看得出，故这次的文化可说是人的文化。再在宗教方面，发生了革命，出来了一个“禅”！禅就是站在佛的立场上以打倒佛的，主张无法无佛，“佛法在我”，而打倒一切的宗教障、仪式障、文字障，这都成功了，所以建设第二次帝国，建设人的文化和宗教革命，是老英雄死里逃生中三件大事实。（第三幕完）

第四幕　老英雄裹创奋斗

老英雄正在建设第三次文化的时候，北方的契丹、女真、金、元继续的侵过来了，这时老英雄已经是受了伤，——精神上受了伤（可说是中了精神上的鸦片毒，因为印度有两种鸦片输到中国，一是精神上的鸦片烟——佛，一是真鸦片），受了千年的佛化，所以此时是裹创奋斗，然而竟也建立第三次大帝国——宋帝国，全国虽是已告统一，但身体究未复元，而仍然继续人的文化，推翻非人的文化（这段历史自汉至明，中国和欧洲人相同，宗教革命也是一样），范文正公的“先天下之忧而忧，后天下之乐而乐”，和王荆公的变法，正与前“任重而道远”的学说相符合。

在唐代以前，北魏曾经辟过佛，反对过外国的文化，禁止胡服胡语即其例，但未见成功，而在唐代辟佛的，如韩愈，他曾说过：“人其人，火其书，庐其居”，三个大标语，这风气虽也行过几十年，但不久又恢复原状，然在这一次，却用了一种软工夫来抵制这非人的文化，本来是要以“人的政治”“人的法律”“人的财政”来抗住它的，但还怕药性过猛，病人受纳不起，所以司马光、二程等，主张无为，创设“新的哲学”“新的人生观”，在破书堆中找到一本一千七百几十个字的《大学》来打倒十二部大佛经，将此书中的“格物”“致知”“正心”“诚意”“修身”“齐家”“治国”“平天下”这一套，来创造新的人的教育，新的哲学，新的人生观，这实在是老英雄裹创奋斗中的一个壮举，但到了蒙古一兴起，老英雄已筋疲力竭，实在不能抵抗了！（第四幕完）

第五幕　老英雄病中困斗

这位老英雄到明朝已经是由受创而得病了，他的病状呢？一是缠足，我们晓得在唐朝被称的小脚是六寸，到这时是三寸了，实在是可惊人！二是八股文章，三是鸦片由印度输入，这三种东西，使老英雄内外都得病症。

再有一宗，就是从前王荆公的秘诀已被人摒弃了，本来他的秘诀一是“有为”，一是“向外”，但一班的习静者，他们要将喜怒哀乐等，于静坐中思之，结果是无为，是无生气，而不能不使这老英雄在病中困斗。

清代的天下居然有二百余年，这实是程朱学说——君臣观念所致，因为此时的民族观念抵不住君臣的名分观念，不过老英雄在此当中，而仍有其成绩在，就是东北和西南的开辟，推广他的老文化，湖南在几十年前，在政治上占有极大势力，广东、广西于此时有学术上的大贡献，这都是老英雄在病中的功绩，他虽然在政治上失地位，然而在学术上却发生一种“实事求是”的精神——科学的精神，而成就了一种所谓的“汉学”，这种新的学术，是不主静而主动的，它的哲学是排除思想而求考据，考据一学发生，金石、历史、音韵，各方面都发达，顾亭林以一百六十二个证据，来证明“服”字读“逼”字音，这实在具有科学之精神，不过在建设这“人的学术”当中，老英雄已经是老了，病了！

尾声

这老英雄的悲剧，一直到现在，仍是在奋斗中，他是从奋斗中滚爬出来，建设了人的文化，同化了许多蛮族，平了许多外患，同化了非人的文化，从一千余年奋斗到如今，实在是不易呀！这种的失败，可说是光荣的失败！在欧洲曾经和我们一样，欧洲过去的光荣，我们都具备着，但是欧洲毕竟是成功，这种原因，我认为我们是比他少了两样东西，就是少了一个大的和附带一个小的，大的是科学，小的是工业。我们素来是缺乏科学，文治教育看得太重，我们现在把孔子和其同时的亚里士多得、柏拉图来比一比，柏拉图是懂得数学的，“不懂数学的不要到他门下来”，亚里士多得同时是研究植物的，孔子较之，却未必然吧？与孟子同时的欧几里得，他的几何至今沿用，孟子未尝能如此吧？在清代讲汉学的时候，虽说是有科学的精神，却非加利莱用望远镜看天文，用显微镜看微菌，以及牛顿发明地心吸力可比，所以中西的不同，不自今日始，我们既明白了这个教训，比欧洲所缺乏的是什么？我们知道了，我们的努力就有了目标，我们这老英雄是奋斗的，希望我们以后给他一种奋斗的工具，那末，或者这出悲壮的英雄悲剧，能够成为一纯粹的英雄剧。

夷夏东西说（节选）

傅斯年

自东汉末以来的中国史，常常分南北，或者是政治的分裂，或者由于北方为外族所统制。但这个现象不能倒安在古代史上。到东汉，长江流域才大发达。到孙吴时，长江流域才有独立的大政治组织。在三代时及三代以前，政治的演进，由部落到帝国，是以河、济、淮，流域为地盘的。在这片大地中，地理的形势只有东西之分，并无南北之限。历史凭借地理而生，这两千年的对峙，是东西而不是南北。现在以考察古地理为研究古史的一个道路，似足以证明三代及近于三代之前期，大体上有东西不同的两个系统。这两个系统，因对峙而生争斗，因争斗而起混合，因混合而文化进展。夷与商属于东系，夏与周属于西系。以下四章（本书节选三章）是为求能证明这个设定而写的。先从商代说起，上溯夏后世者，因为后王事迹多，容易看清楚，先讨论他，于了解此文之命意上似乎便当些。

第一章　亳—商—殷

一、商代发迹于东北渤海与古兖州是其建业之地

下列数事，合起来可证成本节标题所假定。

甲、《诗·商颂》：“天命玄鸟，降而生商。”又，“有娀方将，帝立

子生商。”这个故事的意义，可以《吕氏春秋·音初篇》所记说明之：

有娀有二佚女，为之九成之台，饮食必以鼓。帝令燕往视之，鸣若谥隘。二女爱而争搏之，覆以玉筐。少选，发而视之，燕遗二卵北飞，遂不反。二女作歌，一终曰：“燕燕往飞。”实始作为北音。

商颂中所谓“玄鸟”及“有娀”之本事，当即此说之内容。此一神话之核心，在于宗祖以卵生而创业。后代神话与此说属于一源而分化者，全在东北民族及淮夷。现在将此神话之重要材料录于下方。

《论衡·吉验篇》北夷橐离国王侍婢有娠，王欲杀之。婢对曰：“有气如大鸡子，从天而下，我故有娠。”后生子，捐于猪溷中，猪以口气嘘之，不死。复徙置马栏中，欲使马藉杀之，马复以口气嘘之，不死。王疑以为天子，令其母收取，奴畜之，名东明，令牧牛马。东明善射，王恐夺其国也，欲杀之。东明走，南至掩淲水，以弓击水，鱼鳖浮为桥，东明得渡。鱼鳖解散，追兵不得渡，因都王夫余，故北夷有夫余国焉。（《魏志·三十夫余传·注》引《魏略》同。）

《魏书·高句丽传》高句丽者，出于夫余。自言先祖朱蒙。朱蒙母河伯女，为夫余王闭于室中，为日所照，引身避之，日影又逐。既而有孕，生一卵，大如五升。夫余王弃之与犬，犬不食。弃之与豕，豕又不食。弃之于路，牛马避之。后弃之野，众鸟以毛茹之。夫余王割剖之，不能破，遂还其母。其母以物裹之，置于暖处，有一男破壳而出。及其长也，字之曰朱蒙。其俗言朱蒙者，善射也。夫余人以朱蒙非人所生，将有异志，请除之。王不听，命之养马。朱蒙每私试，知有善恶，骏者减食令瘦，驽者善养令肥。夫余王以肥者自乘，以瘦者给朱蒙。后狩于田，以朱蒙善射，限之一矢。朱蒙虽矢少，殪兽甚多。夫余之臣又谋杀之。朱蒙母阴知，告朱蒙曰："国将害汝，以汝才略，宜远适四方。"朱蒙乃与乌引、乌违等二人弃夫余东南走。中道遇一大水，欲济无梁，夫余人追之甚急。朱蒙告水曰："我是日子，河伯外孙，今日逃走，追兵垂及，如何得济？"于是鱼鳖并浮，为之成桥。朱蒙得度，鱼鳖乃解，追骑不得渡。朱蒙遂至普述水，遇见三人，其一人著麻衣，一人著衲衣，一人著水藻衣，与朱蒙至纥升骨城，遂居焉。号曰高句丽，因以为氏焉。

《高丽好大王碑》惟昔始祖邹牟王之创基也，出自北夫余，天帝之子，母河伯女郎，剖卵降出。生子有圣□□□□□□[①]命驾巡东南下，路由夫余奄利大水。王临津言曰："我是皇天之子，母河伯女郎，邹牟王，为我连葭浮龟。"应声即为连葭浮龟，然后造渡于沸流谷忽本西城山上而建都焉。永乐□位，因遣黄龙来下迎王，王于忽本东冈黄龙负升天。

高丽王氏朝金富轼撰《三国史记·高句骊纪》始祖东明圣王姓高氏，讳朱蒙（一云邹牟，一云象解）。先是扶余王解夫娄老，无子，祭山川求嗣。其所御马至鲲渊，见大石，相对流泪。王怪之，使人转其石，有小儿，金色，蛙形（蛙一作蜗）。王喜曰："此乃天赉我令胤乎？"乃收而养之，名曰金蛙。及其长，立为太子。后其相阿兰弗曰："日者天降我曰：'将使吾子孙立国于此，汝其避之东海之滨，有地号曰迦叶原，土壤膏腴，宜五谷，可都也。'"阿兰弗遂劝王移都于彼国，号东扶余。其旧都有人，不知所从来，自称天帝子解慕漱来都焉。及解夫娄薨，金蛙嗣立。于是时得女子

① 原文无法辨识，下同。

于大白山南优渤水，问之，曰："我是河伯之女，名柳花，与诸弟出游，时有一男子自言天帝子解慕漱，诱我于熊心山下鸭绿边室中私之，即往不返。父母责我无媒而从人，遂谪居优渤水。"金蛙异之，幽闭于室中。为日所照，引身避之，日影又遂而照之，因而有孕。生一卵，大如五升许，王弃之于犬豕，皆不食。又弃之路中，牛马避之。后弃之野，鸟覆翼之。王欲剖之，不能破。遂还其母。其母以物裹之，置于暖处，有一男儿破壳而出，骨表英奇。年甫七岁，嶷然异常。自作弓矢射之，百发百中。扶余俗语善射为朱蒙，故以名云。金蛙有七子，常与朱蒙游戏，其伎能皆不及朱蒙。其长子带素言于王曰："朱蒙非人所生，其为人也勇，若不早图，恐有后患，请除之。"王不听，使之养马。朱蒙知其骏者而减食令瘦，驽者善养令肥。王以肥者自乘，瘦者给朱蒙。后猎于野，以朱蒙善射，与其矢小，而朱蒙殪兽甚多。王子及诸臣又谋杀之，朱蒙母阴知之，告曰："国人将害汝，以汝才略，何往而不可？与其迟留而受辱，不若远适以有为。"朱蒙乃与乌伊摩离陕父等三人为友，行至淹淲水（一名盖斯水，在今鸭绿东北），欲渡无梁，恐为追兵所迫，告水曰："我是天帝子，河伯外孙，今日逃走，追者垂及，如何？"于是鱼鳖浮出成桥，朱蒙得渡，鱼鳖乃解，追骑不得渡。朱蒙行至毛屯谷，（《魏书》云，至普述水。）遇三人，其一人着麻衣，一人着衲衣，一人着水藻衣。朱蒙问曰："子等何许人也？何姓何名乎？"麻衣者曰："名再思"；衲衣者曰："名武骨"；水藻衣者曰："名默居"，而不言姓。朱蒙赐再思姓克氏，武骨仲室氏，默居少室氏。乃告于众曰："我方承景命，欲启元基，而适遇此三贤，岂非天赐乎？"遂揆其能，各任以事，与之俱至卒本川（《魏书》云，至纥升骨城）。观其土壤肥美，山河险固，遂欲都焉，而未遑作宫室，但结庐于沸流水上居之。国号高句丽，因以高为氏（一云，朱蒙至卒本，扶余王无子，见朱蒙，知非常人，以其女妻之。王薨，朱蒙嗣位）。时朱蒙年二十二岁，是汉孝元帝建昭二年。

朝鲜《旧三国史·东明王本纪》（案，原书已佚，日人今西龙在《内藤虎次郎颂寿纪念史学论丛》中所作《朱蒙传说》据高丽王氏朝李奎报《李相国文集》中之《东明王篇注释》辑录成篇，并以朝鲜《世宗实录》《地理志·平安道》平壤条所载者补订之。此处所引，即据今西龙氏辑文）夫余王解夫娄老无子，祭山川求嗣。所御马至鲲渊，见大石流泪。王怪之，使人转其石，有小儿金色蛙形。王曰："此天赐我令胤乎？"乃收养之，名曰金蛙，立为太子。其相阿兰弗曰："日者天降我曰，将使吾子孙立国于此，汝其避之东海之滨，有地号迦叶原，土宜五谷，可都也。"阿兰弗劝王移都，号东夫余。于旧都解慕漱，为天帝子来都。汉神雀三年壬戌岁（四月甲寅），天帝遣太子降游扶余王古都，号解慕漱。从天而下，乘五龙车，从者百余人，皆骑白鹄，彩云浮于上，音乐动云中，止熊心山，经十余日始下。首戴乌羽之冠，腰带剑光之剑，朝则听事，暮即升天，世谓之天王郎。城北青河河伯（青河今鸭绿江也）有三女，长曰柳花，次曰萱花，季曰苇花。三女自青河出游熊心渊上，神姿艳丽，杂佩锵洋，与汉皋无异。王谓左右曰："得而为妃，可有后胤。"其女见王，即入水。左右曰："大王何不作宫殿，俟女入室，当户遮之？"王以为然。以马鞭画地，铜室俄成，壮丽于空中。王三席置樽酒，其女各座其席，相欢，饭酒大醉，云云。王俟三女大醉，急出遮。女等惊走，长女柳花为王所止。河伯又怒，遣使告曰："汝是何人，留我女乎？"王报云："我是天帝之子，今欲与河伯结婚。"河伯又使告曰："汝若天帝之子，于我有求婚者，当使媒，云云。今辄留我女，何其失礼？"

王惭之。将往见河伯，不能入室。欲放其女，女既与王定情，不肯离去。乃劝王曰："如有龙车，可到河伯之国。"王指天而告，俄而五龙车从空而下。王与女乘车，风云忽起，至其宫。河伯备礼迎之，坐定，谓曰："婚姻之道，天下之通规，为何失礼辱我门宗？"河伯曰："王是天帝之子，有何神异？"王曰："惟在所试。"于是河伯于庭前水化为鲤，随浪而游，王化为獭而捕之。河伯又化为鹿而走，王化为豺逐之。河伯化为雉，王化为鹰击之。河伯以为诚是天帝之子，以礼成婚。恐王无将女之心，张乐置酒，劝王大醉（河伯之酒七日乃醉），与女入于小革舆中，载以龙车，欲令升天。其车未出水，王即酒醒。取女黄金钗，刺革舆，从孔独出升天。河伯大怒其女，曰："汝不从我训，终辱我门。"令右左绞挽女口，其唇吻长三尺，惟与奴婢二人贬于优渤水中。优渤，泽名，今在太伯山南。渔师强力扶邹告金蛙曰："近有盗梁中鱼而将去者，未知何兽也？"王乃使渔师以网引之，其网破裂。更造铁网引之，始得一女，坐石而出。其女唇长，不能言。令三截其唇，乃言。王知天帝子妃，以别宫置之。其女怀牖中日曜，因以有娠。神雀四年癸亥岁夏四月，生朱蒙，啼声甚伟，骨表英奇。初生，左腋生一卵，大如五升许。王怪之，曰："人生鸟卵，可为不祥。"使人置之马牧。群马不践。弃于深山，百兽皆护，云阴之日，卵上恒有日光。王取卵送母养之，卵终乃开，得一男。生未经月，言语并实。谓母曰："群蝇嗜目，不能睡，母为我作弓矢。"其母以荜作弓矢与之，自射纺车上蝇，发矢即中。扶余谓善射曰朱蒙。年至长大，才能兼备。金蛙有子七人，常共朱蒙游猎。王子及从者四十余人，惟获一鹿。朱蒙射鹿至多。王子妒之，乃执朱蒙缚树，夺鹿而去，朱蒙树拔而去。太子带素言于王曰："朱蒙神勇之士，瞻视非常，若不早图，必有后患。"王使朱蒙牧马，欲试其意。朱蒙内怀恨，谓母曰：“我是天帝之孙，为人牧马，生不如死，欲往南土造国家，母在，不敢自专，云云。”其母曰：“此吾之所以日夜腐心也。”“吾闻士之涉长途者，顺凭骏足，吾能择马矣。”遂往牧马，即以长鞭乱捶，群马皆惊走，一骍马跳过二丈之栏。朱蒙知马骏逸，潜以针捶马舌，痛不食水草，其马瘦悴。王巡行马牧，见群马悉肥，大喜，仍以瘦锡朱蒙。朱蒙得之，拔其针加倭云。暗结乌伊摩离陕父等三人，南行至淹淲，一名盖斯水，在今鸭绿东北，欲渡无舟。恐追兵奄及，乃以策指天，慨然叹曰：“我天帝之孙，河伯之甥，今避难至此。皇天后土怜我孤子，速致舟桥。”言讫，以弓打水，龟鳖浮出成桥，朱蒙乃得渡。良久，追兵至。追兵至河，鱼鳖桥即灭，已上桥者皆没死。朱蒙临别，不忍睽违。其母曰：“汝勿以一母为念。”乃裹五谷种以送之。朱蒙自切生别之心，忘其麦子。朱蒙息大树之下，有双鸠来集。朱蒙曰：“应是神母使送麦子。”乃引弓射之，一矢俱举，开喉得麦子。以水喷鸠，更苏而飞去，云云。王行至卒本川，庐于沸流水上，国号为高句丽。王自坐茀绝之上，略定君臣神。（中略）在位十九年，秋九月，王升天不下，时年四十。太子以所遗玉鞭葬于龙山，云云。（下略）

《清太祖武皇帝实录》（故宫博物院藏本。按《清太祖实录》今已发见者有三本，一名《太祖武皇帝实录》，藏北平故宫博物院，是最初本。一名《太祖高皇帝实录》，是一稿本，涂改数遍，藏中央研究院历史语言研究所。一亦名《太祖高皇帝实录》，藏北平故宫博物院，已由该院印出，此为最后之本。又有《满洲实录》，藏沈阳故宫博物院，已由该院影印，文饰较少，当在故宫第一本及中央研究院稿本之间。今录故宫第一本，而注明沈阳本之异文）长白山高约二百里，周围约千里。此山之上有一潭名他门（沈阳本作闼门），周约八十里。鸭绿、混同、爱滹三江，俱从此山流出。鸭绿江自山南泻出向西流，直入辽东之南海。混同江自山北泻出向北流，直入北海。爱滹江向东流，直入东海。此三江中每出珠宝。长白山山高地寒，风劲不休，夏日环山之兽俱投憩此山中（沈阳本此下有云，此山尽是浮石，乃东北一名山也。又以下提行。《满洲源流》：满洲原起于长白）。山之东北布库里山下一泊，名布尔（沈阳本作勒）瑚里。初，天降三仙女浴于泊，长名恩古伦，次名正古伦，三名佛库伦。浴毕上岸，有神鹊衔一朱果置佛库伦衣上，色甚鲜妍。佛古（沈阳本作库）伦爱之不忍释手，遂衔口中。甫著衣，其果入腹中，即感而成孕。告二姊曰："吾觉腹重，不能同升，奈何？"二姊曰："吾等曾服丹药，谅无死理。此乃天意，俟尔身轻上升未晚。"遂别去。佛库伦后生一男，生而能言，倏尔长成。母告子曰："天生汝，实令汝为夷国主（沈阳本作以定乱国），可往彼处将所生缘由一一详说。"乃与一舟，"顺水去，即其地也。"言讫，忽不见。其子乘舟顺流而下，至于人居之处，登岸，折柳条为坐具，似椅形，独踞其上。彼时长白山东南鳌莫惠（地名）鳌多理（城名。此两名沈阳本作鄂谟辉、鄂多理），内有三姓夷酋争长（沈阳本作争为雄长），终日互相杀伤。适一人来取水，见其子举止奇异，相貌非常，回至争斗之处，告众曰："汝等无争，我于取水处遇一奇男子，非凡人也。想天不虚生此人，盍往观之？"三酋长（沈阳本作三姓人）闻言罢战，同众往观。及见，果非常人，异而诘之。答曰："我乃天女佛库伦所生，姓爱新（华语〔沈阳本作汉言〕金也）觉罗（姓也），名布库理雍顺，天降我定汝等之乱。"因将母所属之言，详告之。众皆惊异曰："此人不可使之徒行。"遂相插手为舆，拥捧（沈阳本作护）而回。三姓人息争，共奉布库里英雄（沈阳本作哩雍顺）为王，以百里女妻之。其国定号满洲，乃其始祖也（南朝误名建州）。

如上所引，可知此一传说在东北各部族中之普遍与绵长。此即东北人之“人降”神话，在东北人以外，古淮夷亦有此神话：

> 《史记·秦本纪》秦之先，颛顼之苗裔，孙曰女修。女修织，玄鸟陨卵，女修吞之，生子大业。大业取少典之子，曰女华，生大费，与禹平水土。

按，此虽记秦之祖，然实叙夷淮之祖，因秦本嬴姓，嬴姓在商代，凭殷人西向之势，自岱南出建部落于西北，事见《秦本纪》。淮夷本是东海上部类，《诗·鲁颂》“至于海邦，淮夷来同”，是其证。然则淮夷与东北沿海诸族同其人降之神话，本不足怪。且此处之神话，明明归本于颛顼氏，颛顼正是东北方部落之宗神。《晋书》卷一百八（慕容）“廆以大棘城即帝颛顼之墟也。”可以为证。据此考量，淮夷有此神话，正自东北来，即当入之东北一类中也。

然而此一神话殊不以东北为限，殷商亦然。《诗》所谓“天命玄鸟，降而生商”，所谓“有娀方将，帝立子生商”者，据郑笺云：“天使鳦下而生商者，谓鳦遗卵，有娀氏之女简狄吞之而生契。”是谓玄鸟之卵，入有娀氏女之腹，遂生商祖。然则《商颂》中此一神话，与上文所举后来东北各部族中之神话，明明白白是一件事，至少是一个来源。持此以证商代来自东北，固为不足，持此以证商代之来源与东北有密切关系，至少亦是文化的深切接触与混合，乃是颇充足，很显然的。①

乙、《诗·商颂》：“宅殷土芒芒。”我们要看商所宅之殷土在何处。

---

① 此节含义已见拙著《东北史纲》初稿第一卷一四至二四页。彼处于本文所引资料外，更及“妣乙”一辞。今承董作宾先生告我：“王国维所释‘妣乙’二文实是‘河’字，其‘篁’一字，则为‘岳’字。”按董说甚确，故删是段。

自武乙以来所都之处，《史记》称之曰殷墟。殷墟正在洹水南岸，今河南安阳境。不过这是后来的话，不足证殷商之本在河北。当更由他法寻求称殷商部族之本土。《吕氏春秋·慎大览》："亲郼如夏。"高诱曰："郼读如衣，今兖州人谓殷氏皆曰衣。"毕沅证之曰："《书》武成，殪戎殷，《中庸》作壹戎衣。二字声本相近。"然则殷即郼，郼韦卫三字当为一字之异体。今能寻卫、韦之所在，则殷土之原来地望可知。卫者，康侯封所受之旧名，康侯之国名卫，并非康侯自他处带去（若燕之本不在蓟，鲁之本不在曲阜）。而为其地之旧名者，可以下列考量证之。康叔本封于康，故建侯于卫时犹曰康叔，其子犹曰康伯，从此可知卫为昧邦（即《诗》之"沬乡牧野"）之本名，当今彰德、卫辉、大名一带之地。韦者，一曰豕韦，《左传》哀二十四杜注曰："东郡白马县东南有韦城。"晋白马县当今滑县东境一带，其四围正在古所谓河济之间。《吕氏春秋·有始览》又云："河济之间为兖州，卫也。"此尤明示卫之地望，更由此可知称殷之原来所在。其实殷兖（古作沇）二字，或者也不免是一词之变化，音韵上非不可能。此说如不错，则殷、衣、韦、郼、卫、沇、兖，尽由一源，只缘古今异时，成殊名耳。商之先世，于建业蒙亳之先（说详下）宅此殷土，则成汤以前先公发祥自北而南之踪迹，可以推知矣。

丙、《诗·商颂》："相土烈烈，海外有截。"试为"景员维河"之国家设想，最近之海为渤海，最近可能之海外为辽东半岛或朝鲜西北境。相土为商代甚早之先王，在契之后，汤之前，并在王恒、王亥之前。以如此早之一代，竟能戡定海外，则其根据地必去渤海不远。纣殁后，殷人以亡国之余，犹得凭箕子以保朝鲜，朝鲜如不早在其统治之内，甚难以亡国余烬，远建海邦。然则箕子之东，只是退保辽水之外，"从先王居"而已，犹之金亡后犹在混同江边保其女真族，元亡后犹在漠南北保其蒙古族。①

① 《左昭》九，"肃慎燕亳，吾北土也。"此当为亳之本土，说详下。又，朝鲜一辞不见六经，按之司马相如上林赋，"齐……斜与肃慎为界"，西汉齐国之斜界正为朝鲜，或者战国以来所谓朝鲜，即古之肃慎耶？说别详。

据以上三事，则最早最可信之史料——《商颂》——已明明告我们，殷代之祖先起自东北方矣！然证据尚不只此。

丁、王恒亦是殷先王世系中甚早者，他与有易有一段相杀的故事（王国维考之甚确）。按，都邑之名每以迁徙而移，水名则不移。有易之地望可以易水所在推知其概。王恒、王亥、上甲微三世既皆与有易发生关系，而王恒且为有易虏去作牧夫，则此时殷先公之国境，必与有易毗连可知，即必在今河北省境北部或中部可知。查王国维所证与此事有涉之《天问》十二韵云：

> 该（亥）秉季德，厥父是臧，胡终弊于有扈（易之误。据王考），牧夫牛羊？干协时舞，何以怀之？平胁曼肤，何以肥之？有扈（易）牧竖，云何而逢？击床先出，其命何从？恒秉季德，焉得夫朴牛？何徒营班禄，不但（疑旦之误）还来？昏微遵迹，有狄（易之借字，据王考）不宁，何繁鸟萃棘，（疑林之误）负子肆情？眩（亥）[①]弟并淫，危害厥兄，何变化以作诈，后嗣而逢长？

今更据文义推测此一故事之大略面目。一个故事，每因同源异流之故，化为几个不同的面目。现在看看《天问》中这个故事的面目，果与其他记同一故事者合否。照这十几韵中的含义，大约殷王季是这个故事中一个重要的人物，大约服牛之功是当归之于季的，所以谈到他的儿子们，一则曰："该秉季德"，再则曰："恒秉季德"。此点正与《国语》祭统合，二者皆以为冥（据王考，即季。）有大功。然则王氏以为"《山海经》《天问》《吕览》《世本》皆以王亥为始作服牛之人"，在《天问》或不如此。《天问》既曰

① 此处眩字疑亦亥之误字。盖上文正说王亥王恒上甲微，下文又说汤之创业，不应中间忽插入舜象故事，如王逸所解者。即使信《国语》："商人禘舜"之舜字不误，亦应列于"简狄在台喾何喜"之前。《天问》骤看似语无伦次者，然若以"故事系统"论其次序，以韵读定其错间或不错，当知实非漫无连贯者。故舜事无论如何解不当入之此处也。又眩胲二字在篆文虽不可乱，在隶书则甚易讹也。

该恒秉季德，是此一重要制作，在王亥不过承袭父业，或者《天问》作者心中是以王季担此制作之任者。王季有几个儿子，其中亥、恒皆能秉父德，不幸亥之诸弟（恒当除外）实行“共妻主义”，偏这群人自己没遭祸事，祸事到老兄头上，所谓“危害厥兄”也。此与郭璞《大荒东经注》引《竹书》所云：“殷王子亥，宾于有易而淫焉，有易之君绵臣杀而放之”，当系一件故事之不同说法，《竹书》归罪于王亥，《天问》归罪于其弟耳。所谓“昏微遵迹，有狄不宁”者，盖上甲微在国败君亡之后，能振作旧业，压迫有狄，有狄为之不宁，此与《鲁语》祭统所谓“上甲微能帅契”者相合。不过，据《天问》之发问者，微不是王亥之子，而是亥之弟之子。故有天道难知之感，以并淫作诈害及子兄之人，其后嗣乃能长盛，为不平也。如上所析解此一故事，诸书用之者大同小异，盖此故事至晚周已有不同之面目。然其中有一点绝无异者，即汤之先世在此期中历与有易斗争，卒能胜有易，故后世乃大。夫易水所在，古今未改，有易所在，即可推知。以数世与有易斗争之国，必为有易之邻国可知，必在今河北省中部或南部亦可知矣。

戊、《山海经》中所说之地望，初看似错乱，如匈奴见于南方，流沙见于东方之类。但全部排比一下，颇有一个线索可寻，而《大荒经》中之东西南北，尤不紊乱。今将《大荒东经》中所载一切帝王之迹抄之如下。

> 东海之外，大壑，少昊之国，少昊孺帝颛顼于此。
>
> 大荒之中，有山名曰合虚，日月所出。有中容之国：帝俊生中容。
>
> 有司幽之国：帝俊生晏龙，晏龙生司幽。
>
> 有白民之国：帝俊生帝鸿，帝鸿生白民。
>
> 有黑齿之国：帝俊生黑齿，姜姓。
>
> 东海之渚中有神，人面鸟身，珥两黄蛇，践两黄蛇，名曰禺虢（《北经》作禺号）。黄帝生禺虢，禺虢生禺京。禺京处北海，禺

䝞处东海，是惟海神。

有困民国，勾姓，而食（郝懿行云，勾姓下而食上当有阙脱），有人曰王亥。两手操鸟，方食其头。王亥托于有易，河伯仆牛。有易杀王亥，取仆牛。河念有易，有易潜出为国于兽方食之，名曰摇民。帝舜生戏，戏生摇民。

有五采之鸟相乡弃沙，惟帝俊下友。

东荒之中有山，名曰壑明俊疾，日月所出，有中容之国。

东海中有流波山……其上有兽。……其名曰夔，黄帝得之，以其皮为鼓。

据此我们可说帝俊竟是《大荒东经》中惟一之帝。此外少昊一见，谓其孺颛顼于此；黄帝二见，一谓其为处于东海之禺䝞之祖，一谓其得夔；舜一见，谓其为摇民之祖；皆不多见。至于中容王亥，一为俊之子，一则殷先王，正在一系中。又帝俊之见于他卷者，仅《大荒南经》：“帝俊妻娥皇，生此三身之国”“帝俊生季釐”“羲和者，帝俊之妻”；《大荒西经》：“帝俊妻常义”，《大荒北经》：“东北海之外，大荒之中，河水之间，附禺之山，……帝颛顼有九嫔葬焉。……丘方员三百里，丘南帝俊竹林在焉，大可为舟。……丘西有沉渊，颛顼所浴”；及《海内经》末段之综记帝族统系。除《海内经》末段另文详论外，所有《大荒经》南西北三方中之帝俊，多是娥皇一故事之分化。至《大荒北经》所记帝俊竹林，虽列入《北经》，按其所述之地望，实在东北。由此统计以看帝俊之迹，及其宗族，独占东北方最重要之位置。帝俊既见于殷墟文字，称曰高祖，而帝俊之地望如此，则殷代龙兴之所在可知。

综上列五事以看，直接史料与间接史料相互参会，均指示我们商起于东北，此一说谓之为已经证成可也。

二、亳

然而竟有人把商代也算到西方去，其故大概由于亳之地望未看清楚，太史公又曾胡里胡涂说了一句。他说：“或曰，‘东方物所始生，西方物之成熟。’夫作事者必于东南，收功实者常于西北。故禹兴于西羌；汤起于亳；周之王也，以丰镐伐殷；秦之帝用雍州兴；汉之兴自蜀汉。”这话里边，只汤起于亳一说为无着落，而徐广偏“希意承旨”，以说“京兆杜县有亳亭”，于是三亳、阪尹之外，复有此西亳，而商起东北之事实，竟有太史公之权威作他的反证！①

查亳之所在，皇甫谧已辨之，宋人亦有论及。在近代，有孙星衍（见外集《汤都考》）、胡天游（见《石笥山房集》）、郝懿行（见《山海经笺疏》）、金鹗（见《求古录礼说》）、毕亨（见《九水山房文存》）、王国维（见《观堂集林》），皆主偃师之西亳为后起之亳，汤之始都应在东方。汤自东徂西之事，在今日已可为定论。诸家所说，今不具引，仅于所论之外，补申两事：

甲、亳实一迁徙之名。地名之以居者而迁徙，周代犹然。宗周、成周虽于周上冠字，其号周则一。鲁本不在今山东南境，燕本不在今河北北境，皆因徙封而迁（说见拙箸《大东小东说》）。韩本在渭水流域，而《诗·韩奕》“燕师所完”“以为北伯”之韩，必在今河北省境。魏本在河东，而迁

① 按，京兆有亳亭一说，《史记》曾言及。《封禅书》记秦地诸祠祀有云：“于社亳有三社主之祠。”《秦本纪》云：“宁公二年，遣兵伐荡社。三年，与亳战，亳王奔戎，遂灭荡社。”《索隐》曰：“西戎之君，号曰亳王。盖成汤之胤。”《集解》引皇甫谧曰：“亳王号汤，西夷之国……非殷也。”据此，知周桓王时之亳王，乃西戎君长，不关殷商。其居京兆杜县，当由犬戎之乱，入据畿甸。西周盛时，断不容卧榻之旁，由人酣睡。意者殷克鬼方后，子姓有统率戎人部落者，逮殷之灭，遂袭亳王之号，及周之乱，遂据杜县。无论此说当否。此乃后代事，不能据之以证商代之渊源。商人何来，固当以早年地理证之，亳人发迹之所在求之，若求之于八九百年后之地名，恐无当矣。

大梁后犹号魏。汉虽仍封梁王于此，而曹魏初建国，仍在此地。后世尚如此，早年“无定居”时迁徙较易，则洛邑号周，韦墟号商，亦甚自然。鲁有亳社之遗，可知亳者乃商人最初之国号，国王易其居，而亳易其地，原来不是亳有好些个，乃是亳王好搬动。或者有亳社之地皆可称亳。王国维君证汤之亳为汉之山阳郡薄县（今山东曹县境），以《左传》哀十四年，“宋景公曰，薄宗邑也”为证，其说至确，然不可谓汤之所居但以此为限。偃师之亳虽无确证，然汤实灭夏，夏之区宇布于今山西、河南省中，兼及陕西，而其本土在河东（详下章）。《史记》：“汤遂率兵以伐夏桀，桀走鸣条”。《集解》引孔安国曰：“地在安邑之西。”按之《吕览》等书记吴起对魏武侯云：“夏之国左河济，右大行，伊阙在其南，羊肠在其北。”则鸣条在河东或不误。然则汤对夏用兵以偃师一带地为根据，亦非不可能者。且齐侯镈钟云：“虩虩成唐（阳），又敢（严）十（在）帝所。尃受天命，刻（克）伐𡿧（履）同，散（败）乃灵师。伊少（小）臣隹補（辅），咸有九州，处禹之堵（都）。”（从孙仲容释）则成汤实灭夏桀而居其土。此器虽是春秋中世之器，然此传说必古而有据。又南亳虽若偏于南隅，然相传成汤放桀于南巢，南巢竟远在庐州境，则南亳未必非汤所曾至。大凡此等传说，无以证明其然，亦无以证明其不然。如以亳为城郭宫室俱备之都邑，则汤之亳自当只有一个。如以其为兵站而有社以祷之所，则正应不只一地。且汤时兵力已甚盛，千里之间，南征北战，当是史实。不过汤之中央都邑，固当以近于商宋者为差是耳。

此外济河流域中以薄或博名者，尚有数处，其来源虽有不可知者，然以声类考之，皆可为亳之音转。

蒲姑。《左传》昭九年：“及武王克商……蒲姑商奄，吾东土也……肃慎燕亳，吾北土也。”《齐世家》作蒲姑。《诗·毛传》同。杜云：“乐安博晶昌北有薄姑城。”按，汉志千乘郡已有博昌县，当今山东博兴县。

“肃慎燕亳”之亳。此亳所在杜无说，孔谓小国不知所在。然既与肃慎燕并举，当邻于肃慎及燕。

据司马相如《子虚赋》，齐“斜与肃慎为界”。是古肃慎当即汉之朝鲜，与后世之挹娄无涉。或者此一在东北之亳即亳之初地，亦未可知。

齐博邑。在泰山下，见《齐策》。

汉东郡博平县。在济水之北，今山东博平县境。《田齐世家》之博陵，《苏秦张仪传》之博关，当即此博。

杨守敬曰：“余以为秦县之名率本于前，其有地见春秋战国而汉又有其县者，诸家虽不言秦县，安知其非秦置？……使读者知秦之立县皆有所因，而汉志之不详说者，可消息得之矣。”（见《嬴秦郡县图序》）此说甚通。博、博平二名虽见于后，渊源当有自耳。

又按，“亳”“薄”二字，同在唐韵入声十九铎，傍各切。“博”亦在十九铎，补各切。补为帮母之切字，傍为并母之切字，是“亳”“薄”二字对“博”之异仅在清浊。蒲姑之“蒲”在平声，然其声类与“亳”“薄”同，而蒲姑又在《诗·毛传》、《左·杜注》中作薄姑，则“蒲”当与“薄”通。又十八铎之字在古有收喉之入声（–k）其韵质当为 ak，而唇声字又皆有变成合口呼之可能，是则“蒲姑”两字正当“亳”之一音。亳字见于殷虚文字，当是本字（《殷墟文字类编》五卷十五叶），博、薄、薄姑等，为其音转，以声类韵部求之，乃极接近。此虽未能证明之假设，却颇值得留意。

乙、蒲姑，博、薄、亳等地之分配，实沿济水两岸而逆流上行。试将此数地求之于地图上，则见其皆在济水故道之两岸，薄姑至于蒙亳皆如此。到西亳南亳方离开济水之两岸，但去济水流域仍不远。大凡一切荒古时代的都邑，不论在那一州，多是在河岸上的。一因取水的供给，二因交通的便利。济水必是商代一个最重要的交通河流。殷墟发现的品物中，海产品甚多，贝类不待说，竟有不少的鲸骨。而《卜辞》所记，王常自渔。《左传》所谓渔“非君所及”者，乃全不适用于商王，使人发生其同于辽代君主在混同江上钓鱼之感。又“济”“齐”本是一字，如用以标水名，不着水旁亦可。洹水之“洹”有时作“亘”，可以为证。《卜辞》中有“齐餗”，而“齐餗”又近于夷方，此必指济水上地名而言（《殷墟书契前编》卷二第十五叶：“癸巳，卜贞王旬亾畎，在二月，在齐餗，隹王来正（征）𠂆（夷）方。”董彦堂先生示我此条）。商之先世或者竟逆济水而向上拓地，至于孟诸，遂有商丘，亦未可定。薄姑旧址去海滨不远。此一带海滨，近年因黄河之排沙，增加土地甚速。古时济漯诸水虽不能如黄河，亦当有同样而较弱之作用。然则薄姑地望正合于当年济水之入海口，是当时之河海大港无疑。至于“肃慎燕亳”之亳，既与肃慎燕并举，或即为其比邻。若然，则此之一亳正当今河北省之渤海岸，去薄姑亦在数百里以至千里之内。今假定商之先世起源于此之一亳，然后入济水流域，逆济水西上，沿途所迁，凡建社之处皆以旧名名之，直到陕西省境，于是有如许多之亳。此设想虽不能直接证明，然如上文所排列之事实，惟似惟有此解能适合之。

三、商代拓土之三期

商代享国六百年之说，今无从确证。《史记》所载之世系，按之《卜辞》，大体不差。虽帝王之历世甚多，然其间不少兄弟。或者《史记集解》引《汲冢纪年》“汤灭夏，以至于受，二十九王，用岁四百九十六年”之一说，较为可信。在此五百年中，大约有两个时期拓土最力，一是成汤时，一是武丁时，合之汤前之相土，共三个时期。此情形《商颂》中说得很明白。于《相土》曰：“相土烈烈，海外有截。”于汤曰，“武王载旆……九有有截。韦顾既伐，昆吾夏桀。”于武丁曰：“在武丁孙子。武丁孙子，武王靡不胜。龙旂十乘，大糦是承。邦畿千里，维民所止，肇域彼四海。四海来假”。照这样看，并参以他书所记载，这三个时期拓土的范围，当如下文所列：

一、相土的东都，既在太山下，则其西部或及于济水之西岸。又曾戡定海外，当是以渤海为宇的。

二、汤时建国在蒙亳，其广野即是所谓空桑，其大渚即是孟诸（即孟渚）。盖已取东夷之国，少昊之故域，而为邦畿，而且北向对韦，西向对夏，南向对淮水流域，均拓土不少。

三、盘庚，涉河迁殷后，其西北向之势力更发达。重以“中宗相乙”（参看初版《观堂集林》九卷二十叶）“治民祗惧，不敢荒宁……享国七十有五年”。“高宗（武丁）时旧劳于外，爰暨小人。……不敢荒宁……嘉靖殷邦……享国五十有九年。”“祖甲……旧为小人，作其即位，爰知小人之依，能惠保于庶民，享国三十有三年。”（均见《书·无逸》）故其势力能越太行，过伊洛，而至渭水。彼时南方之疆域今虽不可考，然既至南巢，已越淮水矣。又周称周侯，崇侯之国在丰，此虽藩国不同邦畿，然亦可见其声威所至。且“高宗伐鬼方，三年克之”一传说（见《易·下经》），证以《诗经》，尤可信。《大雅·荡》云：“文王曰咨，咨女殷商。如蜩如螗，如沸如羹，小大近丧，人尚由乎行。内奰于中国，覃及鬼方。”此虽记殷之衰乱，然衰乱时尚能波及于鬼方，强武时鬼方必为其臣属可知。关于鬼方之记载，初不见于发现之卜辞，今春中央研究院始发现一骨，其辞曰：“已酉，卜贞鬼方，囚。”这样记载的希少，似是鬼方既为殷人平定或威服之证。及纣之将亡，周人尚称之曰：“殷商之旅，其会如林”，而周人之剪服东方，历文武周公成王三世而“康克安之”。然则商人所建之帝国，盛时武力甚大，败后死而难僵。此一东起海东、西至岐阳之大帝国，在当时的文化程度中能建设起来，不能不算是一件绝伟大的事。想必凭特殊的武器，及坚固的社会组织，方能做到。

第二章 夏迹

商代发迹自东徂西的踪迹，已在上一章大致条别清楚，向上推一步便是夏代，我们且看夏代的踪迹分布在何一方。

禹的踪迹的传说是无所不在的，北匈奴南百越都说是禹后，而龙门会稽禹之迹尤著名，即在古代僻居汶山（岷山）一带不通中国的蜀人，也一般的有治水传说（见扬雄《蜀王本纪》，臧氏辑本）。虽东方系之商人，也说“浚哲维商，长发其祥。洪水芒芒，禹敷下土方”，明明以禹为古之明神。不过春秋以前书中，禹但称禹，不称夏禹，犹之稷但称稷，不称夏稷或周稷，自启以后方称夏后。启之一字盖有始祖之意。汉避景帝讳改为开，足征启字之诂。其母系出于涂山氏，显见其以上所蒙之禹若虚悬者。盖禹是一神道，即中国之Osiris。禹鲧之说，本中国之创世传说（Genesis）。虽夏后氏祀之为宗神，然其与夏后有如何之血统关系，颇不易断。若匈奴号为夏后之裔，于越号称少康之后，当皆是奉禹为神，于是演以为祖者。如耶稣教之耶和华上帝，本是犹太一族之宗神，故《创世纪》言其世系，而耶稣教推广到他民族时，奉其教之民族，亦群认耶和华为人祖，亚当为始宗矣。然则我们现在排比夏迹，对于关涉禹者应律除去，以后启以下为限，以免误以宗教之范围，作为国族之分布。

所谓夏后氏者，其名称甚怪。氏是族类，后为王号，何以于殷曰殷人，于周曰周人，独于夏曰夏后？意者诸夏之部落本甚多，而有一族为诸夏之盟长，此族遂号夏后氏。今将历代夏后之踪迹辑次如下。

（1）见于《左传》者

帝丘 僖三十一：“卫迁于帝丘。……卫成公梦康叔曰：‘相夺予享。’公命祀相。宁武子不可，曰：‘鬼神非其族类，不歆其祀。杞鄫何事！相之不享，于此久矣，非卫之罪也！’”杜云：“帝丘，今东郡濮阳县。”

殽 僖三十二：“殽有二陵焉：其南陵，夏后皋之墓也；其北陵，文王之所以避风雨也。”杜云：“殽在弘农渑池县西。”

穷石 此为夏之敌国，事见襄四年，本文及讨论均见下章。空桑又曰穷桑，见昭二十九年。穷石当即空桑之音转。至斟灌过戈鬲诸地所在，则杜云：“有鬲国名，今平原鬲县。”“乐安寿光县东南有灌亭，北海平寿县东南有斟亭。”“东莱掖县北有过乡，戈在宋郑之间。”

有莘 僖二十八，记晋文城濮之战，有云：“晋侯登有莘之虚，以观师，曰，‘少长有礼，其可用也。’遂伐其木，以益其兵。己巳，晋师陈于莘北。”据此，有莘必去城濮甚近。有莘相传为夏诸侯，伊尹其一代之小臣也。

斟灌 斟寻 襄四，杜云：“乐安寿光县东南有灌亭，北海平寿县东南有斟亭。”按，《水经注·巨洋水篇》引薛瓒《汉书集注》云：“汲郡古文，相居斟灌，东郡观是也。”（段玉裁云：《经韵楼集》五今本《水经注》观讹为灌，而戴校未正）据此，斟灌仍在东郡，去帝丘不远。杜释此之误显然。此地既误释，其释斟寻之误亦可推知矣。

东夏 襄二十二：“晋人征朝于郑，郑人使少正公孙侨对曰……间二年，闻君将靖东夏。四月，又朝以听事期。”杜云：“谓二十年澶渊盟，先澶渊二月往朝，以听事期。”按以二十年经传所载事，杜说不误。至澶渊所在，杜云：“在顿丘县南，今名繁污，此卫地，又近戚田。”按，卫为东夏，则夏之本土当在东夏卫地之西，但持此一条以证夏境不在东土，已充足矣。

又昭元年，“子相晋国，以为盟主，于今七年矣。再合诸侯，三合大夫，服齐狄，宁东夏，平秦乱，城淳于。”杜于“宁东夏”下注云：“襄二十八年，齐侯白狄朝晋。”

又昭十五，“文公受之，以有南阳之田，抚征东夏。”按，晋文东征者为曹卫，此又以曹、卫为东夏。

华夏 襄二十六：“子仪之乱，析公奔晋。晋人寘诸戎车之殿，以为谋主。……晋人从之，楚师宵溃，晋遂侵蔡，袭沈，获其君，败申息之师于桑隧，获申丽而还。郑于是不敢南面。楚失华夏，则析公之为也。”此指蔡沈及邻于楚北境诸国为华夏。

观扈 昭元：“夏有观扈。”杜云：“观国在今顿丘县，扈在始平鄠县。”此皆夏之敌国，当即夏之边境。

大夏 昭元，“子产曰：‘昔高辛氏有二子，伯曰阏伯，季曰实沈，居于旷林，不相能也。日寻干戈，以相征讨。后帝不臧，迁阏伯于商丘，商人是因，故辰为商星。迁实沈于大夏，主参，唐人是因，以服事夏商。……及成王灭唐，而封太叔焉，故参为晋星。’”杜曰：“大夏，晋阳也。”按，大夏与夏墟究竟在晋阳抑在翼，在地理书有异说，（如《括地志》）近代学人有异论，（如顾亭林、全谢山）二地相去亦数百里。然皆在汾水之旁，不关山东也。

钧台 昭四：“夏启有钧台之享。”杜云：“河南阳翟县南有钧台陂。”

仍缗 昭四：“夏桀为仍之会，有缗叛之。”杜于此不能指其所在，但云：“仍缗皆国名。”哀元年注亦然。《史记正义》引《帝王世纪》云：“羿之杀帝相也，妃仍氏女曰后缗，归有仍，生少康。”（此本哀元年传）《正义》于他地名几皆有说，于此亦无说。

夏墟 定四：“分唐叔以大路密须之鼓，阙巩沽洗，怀姓九宗，职官五品，命以唐诰，而封于夏墟。启以夏政，疆以戎索。”此更直示吾人，晋为夏之本土。

涂山 哀七，“禹合诸侯于涂山，执玉帛者万国。”杜云：“涂山在寿春东北。”按昭四有“三涂”之名，杜云：“在河南陆浑县南。”涂山或即三涂之一。

（2）见于《国语》者

伊洛 《周语》上：“幽王二年，西周三川皆震。伯阳父曰：‘……昔伊洛竭而夏亡，河竭而商亡，今周德若二代之季矣。’”按伊洛于夏，犹西周三川之于周，河之于殷，据此可知夏之地望以伊洛为本土矣。

崇山 聆隧 《周语》上：“昔夏之兴也，融降于崇山。其亡也，回禄位于聆隧。”韦云：“崇，崇高山也。夏居阳城，崇高所近。”又云：“聆隧，地名也。”按，韦以崇为嵩高。

有崇 《周语》下：“其在有虞，有崇伯鲧，播其淫心，称遂共工之过，尧用殛之于羽山。其后伯禹念前之非……”据上节所引韦解，崇即嵩高。然《诗·文王篇》云：“既伐于崇，作邑于丰。”是崇国境当殷末在渭南。渭南之山境亦东与崇高接。又《左传》宣元，“晋欲求成于秦，赵穿曰：‘我侵崇，秦急崇，必救之（杜云，崇，秦之与国），吾以求成焉。’冬赵穿侵崇，秦弗与成。”然则春秋时晋秦界上犹有以崇为号之国，此亦可知崇在西土。

杞鄫 同节：“有夏虽衰，杞鄫犹在。”按，杞在春秋时由今杞县境东迁，鄫则杜云：“在琅琊鄫县。”（僖十四）然《国语》记西周亡时事云：“申缯西戎方强，王室方骚。……王欲杀太子以成伯服，必求之申。申人弗畀，必伐之。若伐申而缯与西戎会以伐周，周不守矣。”果鄫本在琅琊，势难与申西戎会伐周。然则鄫在琅琊，亦是后来东迁所至。

戎夏 《晋语》一：“献公卜伐骊戎，史苏占之。……对曰：‘……戎夏交捽。……若晋以男戎胜戎，而戎亦必以女戎胜晋。……诸夏从戎，非败而何？’”此以晋为夏，与《左传》定四封唐叔于夏墟事合。

昆吾 《郑语》：“昆吾为夏伯矣。”准以《诗·商颂》“韦顾既伐，昆吾夏桀”之说，昆吾当非诸夏之一，而别为一族，然与夏族当有若何关系。至昆吾所在，则《左传》昭十二楚子云：“昔我祖伯父昆吾旧许是宅，今郑人贪赖其田而不我与。”可知昆吾在许，即今许昌一带。

东夏 《楚语》上：“析公奔晋，晋人用之，实谗败楚，使不规东夏。”韦云：“东夏，沈蔡也。”按此即《左》襄二十六事，彼处称华夏，此处称东夏。

诸夏 《吴语》：“昔楚灵王不君，……不修方城之内，逾诸夏而图东国。”韦云：“诸夏，陈蔡。东国，徐夷吴越。”此更明明证夏之不在东土。

（3）见于《诗》者

雅 雅之解说不一。《诗·序》云：“雅者，正也，言王政之所由废兴也。”此真敷衍语。《小雅·鼓钟篇》云：“以雅以南。”南是地域名，（详见《诗经讲义》）则雅之一辞当亦有地名性。《读书杂志》：《荀子·荣辱篇》君子安雅条云：“雅读为夏，夏谓中国也，故与楚越对文。《儒效篇》：居楚而楚，居越而越，居夏而夏。是其证。古者夏、雅二字互通，故《左传》齐大夫子雅，《韩子·外储说右篇》作子夏。杨注云，正而有美德谓之雅，则与上下二句不对矣。”（阮元亦以雅言之雅为夏）此真确解，可破历来一切传说者之无知妄解。由此看来，《诗经》中一切部类皆是地名，诸国风不待说，雅为夏，颂分周、鲁、商。然则国风之名，四始之论，皆后起之说耳。雅既为夏，而夏辞之大小雅所载，若一一统计其地望，则可见宗周成周文辞较多，而东土之文辞较少。周自以为承夏绪，而夏朝之地望如此，恰与《左传》《国语》所记之夏地相合（此说详见我所作《诗经讲义》，未刊，其略见《新获卜辞写本后记跋》《安阳发掘报告》第三八五叶）。

（4）见于《周诰》者

区夏 《康诰》：“惟乃丕显考文王，克明德慎罚，不敢侮鳏寡，庸庸，祗祗，威威，显民，用肇造我区夏，越我一二邦，以修我西土。”按，区字不见《说文》，薛综注《东京赋》云：“区，区域也。”然则区夏犹曰有（域）夏，犹曰夏域，即夏国也。文王造邦于西土，而云始造我夏国，则夏之在西土可知。

（5）此外见于《史记》《战国策》者一段

（按《史记》所引杂乱，故不遍举，此节甚关重要，不可遗之）

河洛 太华 伊阙 羊肠 《吴起列传》：“起对曰……夏桀之居，左河济，右泰华，伊阙在其南，羊肠在其北。”按此语见今本《战国策》二十二。然彼处作“左天门之阴，而右天谿之阳”，虽亦谓左带水而右倚山，未如《史记》言之质实，故录《史记》。金鹗（求《古录礼说》八）据此以证夏桀之都在雒阳。今按，桀都正当雒阳否，另是一问题，然桀之国环洛阳，则依此语当无可疑。

据以上各书所记夏地，可知夏之区域，包括今山西省南半，即汾水流域，今河南省之西部中部，即伊洛嵩高一带，东不过平汉线，西有陕西一部分，即渭水下流。东方界线，则其盛时曾有济水上流，至于商邱，此便是与夷人相争之线，说详下章。最西所至，我们现在不知究到何处，汉陇西郡有大夏县，命名不知何本，更不知与夏后之夏有否关系。最南所至，我们也不知，《汉·地理志》谓汉水将入江时名夏水，今尚保存江夏诸名，或者诸夏不能如此南被。且《荀子·儒效篇》云："君子居楚而楚，居夏而夏"，楚夏对称，自不能以楚为夏。楚国之最大版图中，尽可包含一部份诸夏，而诸夏未必能过荆襄而括江汉，或者此之名夏竟是同音异辞。陈范记关羽据荆州北伐曹操事云："威震华夏"，是汉末犹以华夏为三辅三河汝颍等地之专名，未尝括九州而言。我们现在知诸夏西南北三方所至之大齐，而以东夏之称，夷夏之战（此事详上章），确知夏之东界，则以古代河、济、淮、泗的中国全部论，夏实西方之帝国或联盟，曾一度或数度压迫东方而已。与商殷之为东方帝国，曾两度西向拓土，灭夏克鬼方者，正是恰恰相反，遥遥相对。知此形势，于中国古代史之了解，不无小补也。

第三章　夏夷交胜

严格意义的诸夏所据之地域已如上章所述，至于夏后一代的大事现在可得而考见的，是些什么呢？答曰："统是和所谓夷人的斗争。"夷一个名词应如何解，留在下一章中说明。其字在殷周文书每与人字一样，音亦与人相近，这是很可注意的。现在假定，凡在殷商西周以前，或与殷商西周同时所有今山东全省境中，及河南省之东部，江苏之北部，安徽之东北角，或兼及河北省之渤海岸，并跨海而括辽东朝鲜的两岸，一切地方，其中不是一个民族，见于经典者，有太皞、少皞、有济、徐方诸部，风盈偃诸姓，全叫作夷。《论语》有九夷之称，明其非一类。夏后一代的大事正是和这些夷人斗争。此事现在若失传，然一把经典的材料摆布起来，这事件十分明显。可惜太史公当真不是一位古史家，虽羿浞少康的故事，竟一字不提，为其作正义者所讥。求雅驯的结果，弄到消灭传说中的史迹，保留了哲学家的虚妄。

现在说羿浞与夏后少康的故事，先将材料排列出来。

（1）见于《左传》者

> 魏绛曰……“夏训有之，曰有穷后羿。”公曰：“后羿何如。”对曰：“昔有夏之方衰也，后羿自钼迁于穷石，因夏民以代夏政。恃其射也，不修民事，而淫于原兽。弃武罗，伯因，熊髡，龙围，而用寒浞。寒浞，伯明氏之谗子弟也，伯明后寒弃之。夷羿收之，信而使之，以为己相。浞行媚于内，而施赂予外，愚弄其民，而虞羿于田。树之诈慝，以取其国家，外内咸服。羿犹不悛，将归自田，家众杀而亨之，以食其子。其子不忍食诸，死于穷门。靡奔有鬲氏（杜曰：靡，夏遗臣事羿者。有鬲，国名，今平原鬲县）。浞因羿室生浇及豷。恃其谗慝诈伪，而不德于民。使浇用师灭斟灌及斟寻氏，处浇于过，处豷于戈。靡自有鬲氏收二国之烬以灭浞，而立少康。少康灭浇于过，后杼灭豷于戈。有穷由是遂亡，失人故也。昔周辛甲之为太史也，命百官，官箴王阙。于虞人之箴曰：‘芒芒禹迹，画为九州。经启九道，民有寝庙，兽有茂草。各有攸处，德用不扰。在帝夷羿，冒于原兽。忘其国恤，而思其麀牡。武不可重，用不恢于夏家。兽臣司原，敢告仆夫。’”（襄四年）
>
> 昔有仍氏生女黰黑而甚美，光可以鉴，名曰玄妻。乐正后夔取之，生伯封，实有豕心，贪婪无厌，忿类无期，谓之封豕。有穷后

羿灭之，夔是以不祀。（昭二十八年）

伍员曰：不可，臣闻之，“树德莫如滋，去疾莫如尽。”昔有过浇，杀斟灌，以伐斟鄩，灭夏后相。后缗方娠，逃出自窦，归于有仍。生少康焉，为仍牧正。惎浇能，戒之。浇使椒求之，逃奔有虞，为之庖正，以除其害。虞思于是妻之以二姚，而邑诸纶，有田一成，有众一旅。能布其德，而兆其谋，以收夏众，抚其官职。使女艾谍浇，使季杼诱豷，遂灭过戈，复禹之绩。祀夏配天，不失旧物。（哀元年）

（2）见于《论语》者

南宫适问于孔子曰：“羿善射，奡荡舟，俱不得其死然。禹稷躬稼而有天下。”夫子不答。南宫适出，子曰：“君子哉若人，尚德哉若人！”（《宪问》篇）

（3）见于《楚辞》者

羿淫以佚畋兮，又好射夫封狐。固乱流其鲜终兮，浞又贪夫厥家。浇身被强圉兮，纵欲而不忍。日康娱而自忘兮，厥首用夫颠陨。（《离骚》）

羿焉弹日？乌焉解羽？……帝降夷羿，革孽夏民。胡射夫河伯，而妻彼雒嫔？冯珧利决，封狶是射。何献蒸肉之膏，而后帝不若？

羿

浞娶纯狐，眩妻爰谋。何羿之射革而交吞揆之？阻穷西征，岩何越焉？化为黄熊，巫何活焉？咸播秬黍，莆雚是营。何由并投，而鲧疾修盈？白蜺婴茀，胡为此堂？安得夫良药不能固臧？天式从横，阳离爰死。大鸟何鸣，夫焉丧厥体？蓱号起雨，何以兴之？撰体协胁，鹿何膺之？鳌戴山抃，何以安之？释舟陵行，何以迁之？惟浇在户，何求于嫂？何少康逐犬，而颠陨厥首？女歧缝裳，而馆同爰止，何颠易厥首，而亲以逢殆？（《天问》）

（4）见于《山海经》者

羿与凿齿战于寿华之野，羿射杀之，在昆仑虚东。羿持弓矢，凿持盾。一曰戈。（《海外南经》。按一曰戈三字，或是注文羼入者）

有人曰凿齿，羿杀之。（《大荒东经》）

帝俊赐羿彤弓素矰以扶下国，羿是始去恤下地之百艰。（《海内经》）

非仁羿莫能上。（按仁字当为夷字之读，两字皆从人，形近故致误）

（5）见于《吕氏春秋》者

夷羿作弓。（《勿躬》）

（6）见于《说文》者

羿，羽之羿风，亦古诸侯也，一曰射师。（四，羽部）

> 羿，帝喾躲官，夏少康灭之。从弓开声。论语曰："羿，善射。"（十二，弓部。又同部弹下引《楚辞》"羿焉弹日"，羿亦作羿。"）

又，《史记》于羿事不载，《正义》讥之。《世本》（见各辑本）谓夷羿作弓。《帝王世纪》所记羿事特详（见宋翔凤辑本）。然数书皆不出上文所举，故不录。

据以上材料，有数点须分解。

一、羿的地位。如罗泌所作传，及其比之于安史，则羿浞只是夏之叛臣。然此说完全无据，以上一切材料全不曾说羿是夏之属臣。然则夷羿必是夏之敌国之君，且此敌国之君并不等闲，以《天问》、《山海经》所说，居然是天神，而奉天帝命降于下土者，为夷之君，自钮迁穷桑，而为后人号为帝羿或曰羿帝。（《御览》八十二引《帝王世纪》）

二、夷为东方主。此说可由其称夷羿及说文称羿为帝喾（据王国维考，即帝俊）射官，及其地望等事证之。

三、夷夏之争数十年，在夷一面经羿、奡二宗，在夏一面经相、少康二世，战斗得必然很厉害。《天问》所谓"阻穷西征"者，王逸解之曰："言尧放鲧羽山，西行度越岑岩之地，因堕死也。"洪兴祖补曰："羽山东裔，此云西征者，自西徂东也。上文言永遏在西山，夫何三年不施，则鮌非死于道路，此但言何以越岩险而至羽山耳。"按王说无稽，洪已辩之，然洪强释西征曰自西徂东，古书中全无此文法。此处明明谓阻（即钮）穷（石）之后帝羿西征，而越山岩，不然，西征一词全不可解，正不得以同韵之下句中说鲧化为黄熊事而谓此句亦是鲧事。

四、《左传》之神话故事已很伦理化，且《左传》之成分大体为晋、楚、鲁三国之语，而其立点是偏于西国夏、周之正统传说，所以说羿、奡甚不好。但《山海经》之为书，虽已系统化，尚未伦理化，且记东方的帝系较多。这部书中所举夷羿事，很足以表显战国时羿、奡的传说尚甚盛。《山海经》与《天问》互相发明处甚多，《天问》称羿之重要全与《山海经》合。所谓“羿焉弹日”，正在《天问》中论创世纪一节中，则羿本是天神。所谓“帝降夷羿”者，正《山海经》所谓“帝俊赐羿彤弓素矰，以扶下国，羿是始去恤下地之百艰。”《天问》一篇，本颇有次序，王逸以为不次序者，乃由于不知《天问》所陈是流行神话故事之次序，不与汉代人之古史传说同，故不能解（余另有说见他处），其羿浞之间插入鲧之一段若甚错乱者，当由于《天问》之次序乃神话之次序；一神话中有数人关涉者，则一次说出，不嫌前后错综。“阻穷西征，岩何越焉”一句，至下文“释舟陵行，何以迁之”，凡十二句中，有涉及鲧处，并有若干因失其神话而不可解之故事，皆可据上下文细绎之，以知其正是说夷夏交战事。此节盖谓羿、奡相继西征，曾越山地，自鲧永遏于羽山后，禹平水土，秬、黍、雚皆茂长，巫乃将鲧化为黄熊（《天问》所记鲧事、与《左传》《尚书》等皆不同。《尚书》《左传》皆谓舜殛鲧于羽山，然《天问》云：“永遏在羽山，夫何三年不施。”）当夏代危急，遂与能荡舟之奡战，适其时羿妻窃药而行（本文“安得夫良药不能固藏”）并有其他怪异（“白蜺婴茀”“天式从横”等语），于是大战得雨起山抃，荡舟者不得不释舟陵行，逃归其嫂，而卒为太康并得之。如此解来，则《论语》南宫适之问正甚明白。南宫适这话并不是泛举古帝王羿奡禹稷而强比之，乃是论一段故事，东土强有力者失其国，西土务耕稼者有天下。《鲁语》上：“昔烈山氏之有天下也，其子曰柱，能殖百谷百蔬。夏之兴也，周弃继之。”明禹稷可作一事论。孔子对神话也如对鬼神一样敬而远之，且以其“君子相”之故，不愿于此等圣帝明王有所议论，故当面不答，而背后称赞南宫适对此神话之题旨西洋故事中所谓 Moral 者，甚能了解。若不如此，而是泛做一篇秦皇、汉武与汉文、宋仁之优劣论，殊不免于糊里糊涂。《论语》中论一事皆以一事为论，尚无策论八股气。南宫适这一段话，正可证明夷羿在当时的传说中并不大坏。若羿、奡不是当时神话中的大人物，何至与传说中功在生民之禹、稷相提并论，岂不不伦的很，不需要的很？

然则夷羿之故事，我们在现在尚可见到三种传说。一、以夷羿为自天而降甚高明者，《山海经》《天问》属之。二、以夷羿与夏后为对，而以为一崇力一崇德，故一兴一替者，此等之成败论人，《论语》记南宫适所问之背景如此。三、以夷羿为不合道理者，《左传》如此，然尚称之曰“后”，记其曾“因夏民而代夏政”（夏民者，夏所服属之民，不必改作夏族）。凡读一切神话故事，都须注意及同一题目常因流传之不同而其中是非倒置。此是一例，鲧亦是一例。同在《国语》中，《周语》下谓“崇伯鲧播其淫心，称遂共工之祸”，《鲁语》上谓“鲧鄣洪水”，故夏后“郊鲧”，《吴语》亦谓“鲧禹之功”，我们不可不注意传说之演变及其道德批评之改易。

夏后一代中夷夏之争，不仅见于有穷后羿一段故事，夏代开国亡国时皆有同样的争斗。现在分别说。

（一）夏后启与伯益之争统。关于这件事，战国的传说有两种，一谓启益相让，二谓启益相争。

> 《孟子》：禹荐益于天。七年，禹崩。三年之丧毕，益避禹之子于箕山之阴。朝觐讼狱者，不之益而之启，曰：“吾君之子也！”讴歌者不讴歌益，而讴歌启，曰：“吾君之子也。”
>
> 《天问》：启代益作后，卒然离蠥。何启惟忧，而能拘是达？皆归射鞫眕，而无害厥躬？何后益作革，而禹播降？
>
> 古本《竹书》：益干启位，启杀之。（引见《晋书·束皙传》。《史通·疑古篇》《史通·杂说篇》两引之）

《孟子》的古史都是些伦埋化的话，然这一段中还看出这个故事本来面目的背景，此背景即是说，代禹者几几乎是益，而启卒得之。这话里虽不直说有何争执，但还可隐约看出对峙的形势来。至于《竹书》的话，虽不能即信，但益启之有争执，虽《孟子》的话中也表示个破绽。因为让争本是一事的两面，不是相争的形势，不需相让的态度。《天问》的话，因故事遗失不大好讲，然益称后，又曾一度革夏命，则甚明白。

我们再看伯益是如何人。经籍中有伯益伯翳二人，太史公在《陈杞世家》中分为二人，然在他处则不分。《索隐》议之曰："秦祖伯翳，解者以翳、益别为一人。今言十一人，叙伯翳，而又别言垂益，则是二人也。且按《舜本纪》叙十人，无翳，而有彭祖。彭祖亦坟典不载，未知太史公意如何，恐多是误。然据《秦本纪》叙翳之功云，佐舜驯调鸟兽，与《尧典》'命益作虞，若予上下草木鸟兽'文同，则为一人必矣，今未详其所以。"按，此议甚是。太史公在此处诚糊涂。罗泌重申二人不同之说，然全无证，金仁山辩之曰：

> 《尚书》之伯益，即《秦纪》之柏翳也。秦声以入为去，故谓益为翳也。《秦纪》谓柏翳佐禹治水，驯服鸟兽，岂非《书》所谓随山刊本，暨益奏庶鲜食，益作朕虞，若予上下鸟兽者乎？其事同，其声同，而太史公独以书纪字异，乃析一人而二之，可谓误矣。唐虞功臣，独四岳不名，其余未有无名者。夫岂别有伯翳，其功如此，而《书》反不及乎？太史公于二帝本纪言益，见《秦本纪》为翳，则又从翳，岂疑而未决，故于《陈杞世家》叙伯益与伯翳为二乎？抑出于谈迁二手，故其前后谬误也？（梁玉绳说同，见《史记志疑·人表考》不具引）

金氏此说甚明白，此疑可以更无问题。益翳既是一人，翳又为秦赵公认之祖，然则即是嬴姓之祖，亦即是徐方之祖，亦即是《逸周书·作雒解》所谓"周公立，相天子，三叔及殷东（东亦地域名，说别见）徐奄及熊盈以略”之盈族之祖，然则伯益正是源源本本的东夷之祖，更无疑义，益启之争，不即是夷夏之争吗？

（二）汤放桀，等于夷灭夏。商人虽非夷，然曾抚有夷方之人，并用其文化，凭此人民以伐夏而灭之，实际上亦可说夷人胜夏。商人被周人呼为夷，有经典可证，说另详。

然则夏后一代的三段大事，开头的益启之争便是夏夷争，中间的羿少康之争又是夷夏之争，末后的汤桀之争还是夷夏之争。夏代东西的斗争如此厉害，而春秋战国的大一统主义哲学家都把这些显然的史迹抹杀了，或曲解了！

杜　甫

闻一多

引言

明吕坤曰："史在天地，如形之景。人皆思其高曾也，皆愿睹其景。至于文儒之士，其思书契以降之古人，尽若是已矣。"数千年来的祖宗，我们听见过他们的名字，他们生平的梗概，我们仿佛也知道一点，但是他们的容貌、声音，他们的性情、思想，他们心灵中的种种隐秘——欢乐和悲哀，神圣的企望，庄严的愤慨，以及可笑亦复可爱的弱点或怪癖……我们全是茫然。我们要追念，追念的对象在哪里？要仰慕，仰慕的目标是什么？要崇拜，向谁施礼？假如我们是肖子肖孙，我们该怎样的悲恸，怎样的心焦！

看不见祖宗的肖像，便将梦魂中迷离恍惚的，捕风捉影，摹拟出来，聊当瞻拜的对象——那也是没有办法的慰情的办法。我给诗人杜甫绘这幅小照，是不自量，是渎亵神圣，我都承认。因此工作开始了，马上又搁下了。一搁搁了三年，依然死不下心去，还要赓续，不为别的，只还是不奈何那一点"思其高曾，愿睹其景"的苦衷罢了。

像我这回掮起的工作，本来应该包括两层步骤，第一是分析，第二是综合。近来某某考证，某某研究，分析的工作做得不少了；关于杜甫，这类的工作，据我知道的却没有十分特出的成绩。我自己在这里偶尔虽有些零星的补充，但是，我承认，也不是什么大发现。我这次简直是跳过了第一步，来径直做第二步；这样做法，是不会有好结果的，自己也明白。好在这只是初稿，只要那“思其高曾，愿睹其景”的心情不变，永远那样的策励我，横竖以后还可以随时搜罗，随时拼补。目下我决不敢说，这是真正的杜甫，我只说是我个人想象中的“诗圣”。

我们的生活如今真是太放纵了，太夸妄了，太沓小了，太龌龊了。因此我不能忘记杜甫；有个时期，华茨华斯[①]也不能忘记弥尔敦，他喊——

Milton! thou shouldst be living at this hour：
England hath need of thee：she is a fen
Of stagnant waters：alter，sword，and pen，
Fireside，the heroic wealth of hall and bower，
Have forfeited their ancient English dower
Of inward happiness，we are selfish men：
O raise us up，return to us again；
And give us manners，virtue，freedom，power.

一

当中一个雄壮的女子跳舞。四面围满了人山人海的看客。内中有一个四龄童子，许是骑在爸爸肩上，歪着小脖子，看那舞女的手脚和丈长的彩帛渐渐摇起花来了，看着，看着，他也不觉眉飞目舞，仿佛很能领略其间的妙绪。他是从巩县特地赶到郾城来看跳舞的。这一回经验定给了他很深的印象。下面一段是他几十年后的回忆：

㸌如羿射九日落，矫如群帝骖龙翔；来如雷霆收震怒，罢如江

① 今通译作华兹华斯。后文中华茨语同此。——编者注

海凝清光。

舞女是当代名满天下的公孙大娘。四岁的看客后来便成为中国有史以来第一个大诗人，四千年文化中最庄严、最瑰丽、最永久的一道光彩。四岁时看的东西，过了五十多年，还能留下那样活跃的印象，公孙大娘的艺术之神妙，可以想见，然而小看客的感受力，也就非凡了。

公孙大娘像

杜甫，字子美；生于唐睿宗先天元年（七一二）；原籍襄阳，曾祖依艺作河南巩县县令，便在巩县住家了。子美幼时的事迹，我们不大知道。我们知道的，是他母亲死得早，他小时是寄养在姑母家里。他自小就多病。有一天可叫姑母为难了。儿子和侄儿都病着，据女巫说，要病好，病人非睡在东南角的床上不可；但是东南角的床铺只有一张，病人却有两个。老太太居然下了决心，把侄儿安顿在吉利的地方，叫自家的儿子填了侄儿的空子。想不到决心下了，结果就来了。子美长大了，听见老家人讲姑母如何让表兄给他替了死，他一辈子觉得对不起姑母。

早慧不算希奇；早慧的诗人尤其多着。只怕很少的诗人开笔开得像我们诗人那样有重大的意义。子美第一次破口歌颂的，不是什么凡物。这“七龄思即壮，开口咏凤凰”的小诗人，可以说，咏的便是他自己。禽族里再没有比凤凰善鸣的，诗国里也没有比杜甫更会唱的。凤凰是禽中之王，杜甫是诗中之圣，咏凤凰简直是诗人自占的预言。从此以后，他便常常以凤凰自比；（《凤凰台》《赤凤行》便是最明白的表示）这种比拟，从现今这开明的时代看去，倒有一种特别恰当的地方。因为谈论到这伟大的人格，伟大的天才，谁不感觉寻常文字的无效？不，无效的还不只文字，你只顾呕尽心血来悬拟、揣测，总归是隔膜，那超人的灵府中的秘密，他的心情，他的思路，像宇宙的谜语一样，决不是寻常的脑筋所能猜透的。你只懂得你能懂的东西；因此，谈到杜甫，只好拿不可思议的比不可思议的。凤凰你知道是神话，是子虚，是不可能。可是杜甫那伟大的人格，伟大的天才，你定神一想，可不是太伟大了，伟大得可疑吗？上下数千年没有第二个杜甫（李白有他的天才，没有他的人格），你敢信杜甫的存在绝对可靠吗？一切的神灵和类似神灵的人物都有人疑过，荷马有人疑过，莎士比亚有人疑过，杜甫失了被疑的资格，只因文献、史迹，种种不容抵赖的铁证，一五一十，都在我们手里。

子美自弱冠以后，直到老死，在四方奔波的时候多，安心求学的机会很少。若不是从小用过一番苦功，这诗人的学力哪得如此的雄厚？生在书香门第，家境即使贫寒，祖藏的书籍总还够他餍饫的。从七、八岁到弱冠的期间中，我们想象子美的生活，最主要的，不外作诗，作赋，读书，写擘窠大字，……无论如何，闲游的日子总占少数（从七岁以后，据他自称，四十年中做了一千多首诗文；一千多首作品是要时候作的）。并且多病的身体当不起剧烈的户外生活，读书学文便自然成了唯一的消遣。他的思想成熟得特别早，一半固由于天赋，一半大概也是孤僻的书斋生活酿成的。在书斋里，他自有他的世界。他的世界是时间构成的；沿着时间的航线，上下三、四千年，来往的飞翔，他沿路看见的都是圣贤、豪杰、忠臣、孝子、骚人、逸士——都是魁梧奇伟、温馨凄艳的灵魂。久而久之，他定觉得那些庄严灿烂的姓名，和生人一般的实在，而且渐渐活现起来了，于是他看得见古人行动的姿态，听得到古人歌哭的声音。甚至他们还和他揖让周旋，上下议论；他成了他们其间的一员。于是他只觉得自己和寻常的少年不同，他几乎是历史中的人物，他和古人的关系比和今人的关系密切多了。他是在时间里，不是在空间里活着。他为什么不那样想呢？这些古人不是在他心灵里活动，血脉里运行吗？他的身体不是从这些古人的身体分泌出来的吗？是的，那政事、武功、学术震耀一时的儒将杜预便是他的十三世祖；那宣言“吾文章当得屈、宋作衙官，吾笔当得王羲之北面”的著名诗人杜审言，便是他的祖父；他的叔父杜升是个为报父仇而杀身的十三岁的孝子；他的外祖母便是张说所称的那为监牢中的父亲“菲屦布衣，往来供馈，徒行悴色，伤动人伦”的孝女；他外祖母的兄弟崔行芳，曾经要求给二哥代死，没有诏准，就同哥哥一起就刑了，当时称为“死悌”。你看他自己家里，同外家里，事业、文章、孝行、友爱，——立德、立功、立言的人物这样多；他翻开近代的史乘，等于翻开自己的家谱。这样读书，对于一个青年的身心，潜移默化的影响，定是不可限量的。难怪一般的少年，他瞧不上眼。他是一个贵族，不但在族望上，便论德行和智慧，他知道，也应该高人一等。所以他的朋友，除了书本里的古人，就是几个有文名的老前辈。要他同一般行辈相等的庸夫俗子混在一起，是办不到的。看看这一段文字，便可想见当时那不可一世的气概：

> 性豪业嗜酒，嫉恶怀刚肠；脱略小时辈，结交皆老苍；饮酣视八极，俗物皆茫茫。

子美所以有这种抱负，不但因为他的血缘足以使他自豪，也不仅仅是他不甘自暴自弃；这些都是片面的、次要的理由。最要紧的，是他对于自己的成功，如今确有把握了。崔尚、魏启心一般的老前辈都比他作班固、扬雄；他自己仿佛也觉得受之无愧。十四、五岁的杜二，在翰墨场中，已经是一个角色了。

这时还有一件事也可以增长一个人的兴致。从小摆不脱病魔的纠缠，如今摆脱了。这件事竟许是最足令人开心的。因为毕竟从前那种幽闭的书斋生活不大自然，只因一个人缺欠了健康，身体失了自由，什么都没有办法。如今健康恢复了，有了办法，便尽量的追回以前的积欠，当然是不妨的，简直是应该的。譬如院子里那几棵枣树，长得比什么树都古怪，都有精神，枝子都那样剑拔弩张的挺着，仿佛全身都是劲。一个人如今身体强了，早起在院子里走走，往往也觉得混身是劲. 忽然看见它们那挑衅的样子，恨不得拣一棵抱上去，和它摔一跤，决个雌雄。但是想想那举动又未免太可笑了。最好是等八月来，枣子熟了，弟妹们只顾要枣子吃；枣子诚然好吃，但是当哥哥的，尤其筋强力壮的哥哥，最得意的，不是吃枣子，是在那给弟妹们不断的供应枣子的任务。用竹篙子打枣子还不算本领。哥哥有本领上树，不信他可以试给他们看看。上树要上到最高的枝子，又得不让枣刺轧伤了手，脚得站稳了，还不许踩断了树枝；然后躲在绿叶里，一把把的洒下来；金黄色的，朱砂色的，红黄参半的枣子，花花刺刺的撒将下来，得让孩子们抢都抢不赢。上树的技术练高了，一天可以上十来次，棵棵树都要上到。最有趣的，是在树顶上站直了，往下一望；离天近，离地远，一切都在脚下，呼吸也轻快了，他忍不住大笑一声；那笑里有妙不可言的胜利的庄严和愉快。便是游戏，一个人的地位也要站得超越一点，才不愧是杜甫。

健康既经恢复了，年龄也渐渐大了，一个人不能老在家乡守着。他得看看世界。并且单为自己创作的前途打算，多少通都广邑、名山大川，也不得不瞻仰瞻仰。

二

人约在二十岁左右，诗人便开始了他的飘流的生活。三十五以前，是快意的游览（仍旧用他自己的比喻），便像羽翮初满的雏凤，乘着灵风，踏着彩云，往濛濛的长空飞去。他胁下只觉得一股轻松，到处有竹实，有醴泉，他的世界是清鲜，是自由，是无垠的希望，和薛雷①的云雀一般，他是

An unbodied joy whose race is just begun.

三十五以后，风渐渐尖峭了，云渐渐恶毒了，铅铁的穹窿在他背上逼压着，太阳也不见了，他在风雨雷电中挣扎，血污的翎羽在空中缤纷的旋舞，他长号，他哀呼，唱得越急切，节奏越神奇，最后声嘶力竭，他卸下了生命，他的挫败是胜利的挫败，神圣的挫败。他死了，他在人类的记忆里永远留下了一道不可逼视的白光；他的音乐，或沈雄，或悲壮，或凄凉，或激越，永远、永远是在时间里颤动着。

子美第一次出游是到晋地的郇瑕（今山西猗氏县），在那边结交的人物，我们知道的，有韦之晋。此后，在三十五岁以前，曾有过两次大举的游历：第一次到吴、越，第二次到齐、赵。两度的游历，是诗人创作生活上最需要的两种精粹而丰富的滋养。在家乡，一切都是单调，平凡，青的天笼盖着黄的地，每隔几里路，绿杨藏着人家，白杨翳着坟地，分布得驿站似的呆板。土人的生活也和他们的背景一样的单调。我们到过中州的人都知道那是个什么样的去处；大概从唐朝到现在是不会有多少进步的。从那样的环境，一旦踏进山明水秀的江南，风流儒雅的江南，你可以想象他是怎样的惊喜。我们还记得当时和六朝，好比今天和昨日；南朝的金粉，王、谢的风流，在那里当然还留着够鲜明的痕迹。江南本是六朝文学总汇的中枢，他读过鲍、谢、江、沈、阴、何的诗，如今竟亲历他们歌哭的场所，他能不感动吗？何况重重叠叠的历史的舞台又在他眼前，剑池、虎丘、姑苏台、长洲苑、太伯的遗庙、阖闾的荒冢以及钱塘、剡溪、鉴湖、天姥——处处都是陈迹、名胜，处处都足以促醒他的回忆，触发他的诗怀。我们虽没有他当时纪游的作品，

① 今通译作雪莱，下同。——编者注

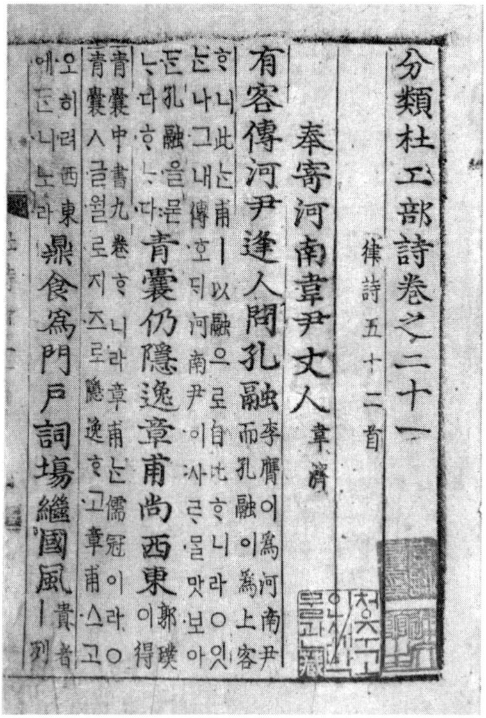
分類杜工部詩卷之二十一
律詩五十二首
奉寄河南韋尹丈人 韋濟
有客傳河尹逢人問孔融
青囊仍隱逸章甫尚西東
鼎食爲門戶詞場繼國風

翻译成朝鲜语的杜诗

但是诗人的得意是可以猜到的。美中不足的只是到了姑苏，船也办好了，却没有浮着海。仿佛命数注定了今番只许他看到自然的秀丽，清新的面相；长洲的荷香，镜湖的凉意，和明眸皓齿的耶溪女……都是他今回的眼福；但是那瑰奇雄健的自然，须得等四、五年后游齐、赵时，才许他见面。

在叙述子美第二次出游以前，有一件事颇有可纪念的价值，虽则诗人自己并不介意。

唐代取士的方法分三种——生徒、贡举、制举。已经在京师各学馆，或州县各学校成业的诸生，送来尚书省受试的，名曰生徒；不从学校出身，而先在州县受试，及第了，到尚书省应试的，名曰贡举。以上两种是选士的常法。此外，每多少年，天子诏行一次，以举非常之士，便是制举。开元二十三年（七三六）子美游吴、越回来，挟着那“气劘屈、贾垒，目短曹、刘墙”的气焰应贡举，县试成功了，在京兆尚书省一试，却失败了。结果没有别的，只是在够高的气焰上又加了一层气焰。功名的纸老虎如今被他戳穿了。果然，他想，真正的学问，真正的人才，是功名所不容的。也许这次下第，不但不能损毁，反足以抬高他的身价。可恨的许只是落第落在名职卑微的考功郎手里，未免叫人丧气。当时士林反对考功郎主试的风潮酝酿得一天比一天紧，在子美“忤下考功第”的明年，果然考功郎吃了举人的辱骂，朝廷从此便改用侍郎主试。

子美下第后八、九年之间，是他平生最快意的一个时期，游历了许多名胜，接交了许多名流。可惜那期间是他命运中的朝曦，也是夕照，那几年的经历是射到他生命上的最始和最末的一道金辉；因为从那以后，世乱一天天的纷纭，诗人的生活一天天的潦倒，直到老死，永远闯不出悲哀、恐怖和绝望的环攻。但是末路的悲剧不忙提起，我们的笔墨不妨先在欢笑的时期多留连一会儿，虽则悲惨的下文早晚是要来的。

开元二十四、五年之间，子美的父亲——闲——在兖州司马任上，子美去省亲，乘便游历了兖州、齐州一带的名胜，诗人的眼界于是更加开扩了。这地方和家乡平原既不同，和秀丽的吴、越也两样。根据书卷里的知识，他常常想见泰山的伟大和庄严，但是真正的岱岳，那“造化钟灵秀，阴阳割昏晓”的奇观，他没有见过。这边的湍流、峻岭、丰草、长林都另有一种他最能了解，却不曾认识过的气魄。在这里看到的，是自然的最庄严的色相。唯有这边自然的气势和风度最合我们诗人的脾胃，因为所有磅礴郁结在他胸中的，自然已经在这景物中说出了；这里一丘一壑，一株树，一朵云，都能引起诗人的共鸣。他在这里勾留了多年，直变成了一个燕、赵的健儿；慷慨悲歌、沉郁顿挫的杜甫，如今发现了他的自我。过路的人往往看见一行人马，带着弓箭旗枪，驾着雕鹰，牵着猎狗，望郊野奔去。内中头戴一顶银盔，脑后斗大一颗红缨，全身铠甲，跨在马上的。便是监门胄曹苏预（后来避讳改名源明）。在他左首并辔而行的，装束略微平常，双手横按着长槊，却也是英风爽爽的一个丈夫，便是诗人杜甫。两个少年后来成了极要好的朋友。这回同着打猎的经验，子美永远不能忘记，后来还供给了《壮游》诗一段有声有色的文字：

春歌丛台上，冬猎青邱旁；呼鹰皂枥林，逐兽云雪岗；
射飞曾纵鞚，引臂落鹙鸧。苏侯据鞍喜，忽如携葛强。

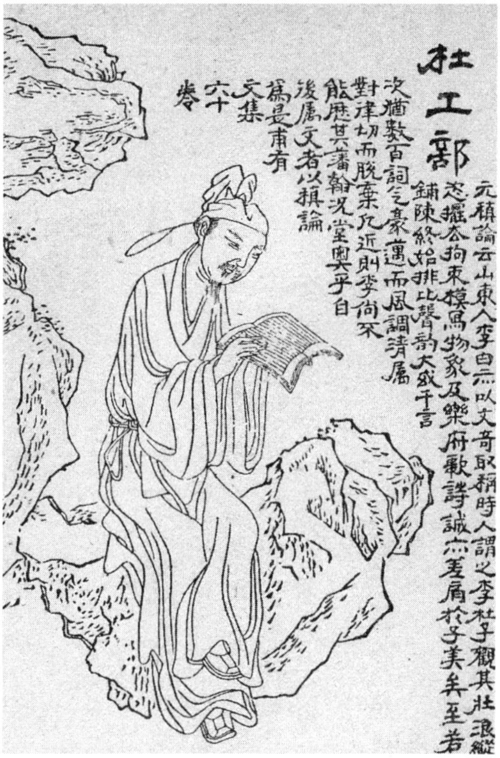

杜甫画像，见于《晚笑堂竹庄画传》

原来诗人也学得了一手好武艺！

这时的子美，是生命的焦点，正午的日曜，是力，是热，是锋棱，是夺目的光芒。他这时所咏的《房兵曹胡马》和《画鹰》恰好都是自身的写照。我们不能不腾出篇幅，把两首诗的全文录下。

胡马大宛名，锋棱瘦骨成。竹批双耳峻，风入四蹄轻。

所向无空阔，真堪托死生。骁腾有如此，万里可横行。

——《房兵曹胡马》

素练风霜起，苍鹰画作殊，㧐身思狡兔，侧目似愁胡，

绦镟光堪摘，轩楹势可呼。何当击凡鸟，毛血洒平芜！

——《画鹰》

这两首和稍早的一首《望岳》都是那时期里最重要的代表作品，实在也奠定了诗人全部创作的基础。诗人作风的倾向，似乎是专等这次游历来发现的；齐、赵的山水，齐、赵的生活，是几天的骄阳接二连三的逼成了诗人天才的成熟。

灵机既经触发了，弦音也已校准了，从此轻拢慢撚，或重挑急抹，信手弹去，都是绝调。艺术一天进步一天，名声也一天大一天。从齐、赵回来，在东都（今洛阳）住了两三年，城南首阳山下的一座庄子，排场虽是简陋，门前却常留着达官贵人的车辙马迹。最有趣的是，那一天门前一阵车马的喧声，顿时老苍头跑进来报道贵人来了。子美倒屣出迎；一位道貌盎然的斑白老人向他深深一揖，自道是北海太守李邕久慕诗人的大名，特地来登门求见。北海太守登门求见，与诗人相干吗？世俗的眼光看来，一个乡贡落第的穷书生家里来了这样一位阔客人，确乎是荣誉，是发迹的吉兆。但是诗人的眼光不同。他知道的李邕，是为追谥韦巨源事，两次驳议太常博士李处，和声援宋璟，弹劾谋反的张昌宗弟兄的名御史李邕——是碑版文字，散满天下，并且为要压倒燕国公的“大手笔”，几乎牺牲了性命的李邕——是重义轻财，卑躬下士的李邕。这样一位客人来登门求见，当然是诗人的荣誉；所以“李邕求识面”可以说是他生平最得意的一句诗。结识李邕在诗人生活中确乎要算一件有关系的事。李邕的交游极广，声名又大，说不定子美后来的

李邕《端州石室记》，位于广东肇庆七星岩

许多朋友，例如李白、高适诸人，许是由李邕介绍的。

写到这里，我们该当品三通画角，发三通擂鼓，然后提起笔来蘸饱了金墨，大书而特书。因为我们四千年的历史里，除了孔子见老子（假如他们是见过面的），没有比这两人的会面，更重大，更神圣，更可纪念的。我们再逼紧我们的想象，譬如说，青天里太阳和月亮走碰了头，那么，尘世上不知要焚起多少香案，不知有多少人要望天遥拜，说是皇天的祥瑞。如今李白和杜甫——诗中的两曜，劈面走来了，我们看去，不比那天空的异瑞一样的神奇，一样的有重大的意义吗？所以假如我们有法子追究，我们定要把两人行踪的线索，如何拐弯抹角，时合时离，如何越走越近，终于两条路线会合交叉了——统统都记录下来。假如关于这件事，我们能发现到一些翔实的材料，那该是文学史里多么浪漫的一段掌故！可惜关于李、杜初次的邂逅，我们知道的一成，不知道的九成。我们知道天宝三载三月，太白得罪了高力士，放出翰林院之后，到过洛阳一次。当时子美也在洛阳。两位诗人初次见面，至迟是在这个当儿。至于见面时的情形，在什么时候，什么地方，也许是李邕的筵席上，也许是洛阳城内一家酒店里，也许……但这都是可能范围里的猜想，真确的情形，恐怕是永远的秘密。

有一件事我们却拿得稳是可靠的。子美初见太白所得的印象，和当时一般人得的，正相吻合。司马子微一见他，称他“有仙风道骨，可与神游八极之表”；贺知章一见，便呼他作“天上谪仙人”，子美集中第一首《赠李白》诗，满纸都是企羡登真度此的话，假定那是第一次的邂逅，第一次的赠诗，那么，当时子美眼中的李十二，不过一个神采趣味与常人不同，有“仙风道骨”的人，一个可与“相期拾瑶草”的侣伴，诗人的李白没有在他脑中镌上什么印象。到第二次赠诗，说“未就丹砂愧葛洪”，回头就带着讥讽的语气问：

痛饮狂歌空度日，飞扬跋扈为谁雄？

依然没有谈到文字。约莫一年以后，第三次赠诗，文字谈到了，也只轻轻的两句："李侯有佳句，往往似阴铿，"不是什么了不得的恭维，可是学仙的话一概不提了。或许他们初见时，子美本就对于学仙有了兴味，所以一见了"谪仙人"，便引为同调；或许子美的学仙的观念完全是太白的影响。无论如何，子美当时确是做过那一段梦——虽则是很短的一段；说"苦无大药资，山林迹如扫"；说"未就丹砂愧葛洪"，起码是半真半假的心话。东都本是商贾贵族蜂集的大城，廛市的繁华，人心的机巧，种种城市生活的罪恶，我们明明知道，已经叫子美腻烦、厌恨了；再加上当时炼药求仙的风气正盛，诗人自己又正在富于理想的、如火如荼的浪漫的年华中——在这种情势下，萌生了出世的观念，是必然的结果。只是杜甫和李白的秉性根本不同：李白的出世，是属于天性的，出世的根性深藏在他骨子里，出世的风神披露在他容貌上；杜甫的出世是环境机会造成的念头，是一时的愤慨。两人的性格根本是冲突的。太白笑"尧舜之事不足惊"，子美始终要"致君尧舜上"。因此两人起先虽觉得志同道合，后来子美的热狂冷了，便渐渐觉得不独自己起先的念头可笑，连太白的那种态度也可笑了；临了，念头完全抛弃，从此绝口不提了。到不提学仙的时候，才提到文字，也可见当初太白的诗不是不足以引起子美的倾心，实在是诗人的李白被仙人的李白掩盖了。

东都的生活果然是不能容忍了，天宝四载夏天，诗人便取道如今开封归德一带，来到济南。在这边，他的东道主，便是北海太守李邕。他们常时集会、宴饮、赋诗；集会的地点往往在历下亭和鹊湖边上的新亭。在座的都是本地的或外来的名士；内中我们知道的还有李邕的从孙李之芳员外，和邑人蹇处士。竟许还有高适，有李白。

是年秋天太白确乎是在济南。当初他们两人是否同来的，我们不晓得；我们晓得他们此刻交情确是很亲密了，所谓"醉眠秋共被，携手日同行"，便是此时的情况。太白有一个朋友范十，是位隐士，住在城北的一个村子上。门前满是酸枣树，架上吊着碧绿的寒瓜，滃滃的白云镇天在古城上闲卧着——俨然是一个世外桃源；主人又殷勤；太白常常带子美到这里嗑酒谈天。星光隐约的瓜棚底下，他们往往谈到夜深人静，太白忽然对着星空出神，忽然谈起从前陈留采访使李彦如何答应他介绍给北海高天师学道箓，话说过了许久，如今李彦许早忘记了，他可是等得不耐烦了。子美听到那类的话，只是唯唯否否；直等话头转到时事上来，例如贵妃的骄奢，明皇的昏聩，以及朝里朝外的种种险象，他的感慨才潮水般地涌来。两位诗人谈着话，叹着气，主人只顾忙着筛酒，或许他有意见不肯说出来，或许压根儿没有意见。

文学的标准与尺度

朱自清

我们说“标准”，有两个意思。一是不自觉的，一是自觉的。不自觉的是我们接受的传统的种种标准。我们应用这些标准衡量种种事物种种人，但是对这些标准本身并不怀疑，并不衡量，只照样接受下来，作为生活的方便。自觉的是我们修正了的传统的种种标准，以及采用的外来的种种标准。这种种自觉的标准，在开始出现的时候大概多少经过我们的衡量；而这种衡量是配合着生活的需要的。本文只称不自觉的种种标准为“标准”，改称种种自觉的标准为“尺度”，来显示这两者的分别。“标准”原也离不了尺度，但尺度似乎不像标准那样固定；近来常说“放宽尺度”，既然可以“放宽”，就不是固定的了。这种“标准”和“尺度”的分别，在一个变得快的时代最容易觉得出；在道德方面在学术方面如此，在文学方面也如此。

中国传统的文学以诗文为正宗，大多数出于士大夫之手。士大夫配合君主掌握着政权。做了官是大夫，没有做官是士；士是候补的大夫。君主士大夫合为一个封建集团，他们的利害是共同的。这个集团的传统的文学标准，大概可用“儒雅风流”一语来代表。载道或言志的文学以“儒雅”为标准，缘情与隐逸的文学以“风流”为标准。有的人“达则兼济天下，穷则独善其身”，表现这种情志的是载道或言志。这个得有“正其谊不谋其利，明其道不计其功”的抱负，得有“怨而不怒”“温柔敦厚”的涵养，得用“熔经铸史”“含英咀华”的语言。这就是“儒雅”的标准。有的人纵情于醇酒妇人，或寄情于田园山水，表现这种种情志的是缘情或隐逸之风。这个得有“妙赏”“深情”和“玄心”，也得用“含英咀华”的语言，这就是“风流”的标准。（关于“风流”的解释，用冯友兰先生语，见《论风流》一文中）

在现阶段看整个的传统的文学，我们可以说“儒雅风流”是标准。但是看历代文学的发展，中间还有许多变化。即如诗本是“言志”的，陆机却说“诗缘情而绮靡”。“言志”其实就是“载道”，与“缘情”大不相同。陆机实在是用了新的尺度。“诗言志”这一个语在开始出现的时候，原也是一种尺度，后来得到公认而流传，就成为一种标准。说陆机用了新的尺度，是对“诗言志”那个旧尺度而言。这个新尺度后来也得到公认而流传，成为又一种标准。又如南朝文学的求新，后来文学的复古，其实都是在变化；在变化的时候也都是用着新的尺度。固然这种新尺度大致只伸缩于“儒雅”和“风流”两种标准之间，但是每回伸缩的长短不同，疏密不同，各有各的特色。文学史的扩展从这种种尺度里见出。

这种尺度表现在文论和选集里，也就是表现在文学批评里。中国的文学批评以各种形式出现。魏文帝的“论文”是在一般学术批评的《典论》里，陆机《文赋》也许可以说是独立的文学批评的创始，他将文作为一个独立的课题来讨论。此后有了选集，这里面分别体类，叙述源流，指点得失，都是批评的工作。又有了《文心雕龙》和《诗品》两部批评专著。还有史书的文学传论，别集的序跋和别集中的书信。这些都是比较有系统的文学批评，各有各的尺度。这些尺度，有的依据着“儒雅”那个标准，结果就是复古的文学，有的依据着“风流”那个标准，结果就是标新的文学。但是所谓复古，其实也还是求变化、求新异；韩愈提倡古文，却主张务去陈言，戛戛独造，是最显著的例子。古文运动从独造新语上最见出成绩来。胡适之先生说文学革命都从文字或文体的解放开始，是有道理的，因为这里最容易见出改变了的尺度。现代语体文学是标新的，不是复古的，却也可以说是从文字或文体的解放开始；就从这语体上，分明的看出我们的新尺度。

这种语体文学的尺度，如一般人所公认，大部分是受了外国的影响，就是依据着种种外国的标准。但是我们的文学史中原也有这样一股支流，和那正宗的或主流的文学由分而合的相配而行。明代的公安派和竟陵派自然是这支流的一段，但这支流的渊源很古久，截取这一段来说是不正确的。汉以前我们的言和文比较接近，即使不能说是一致。从孔子“有教无类”起，教育渐渐开放给平民，受教育的渐渐多起来。这种受了教育的人也称为“士”，可是跟从前贵族的士不同，这些只是些“读书人”。士的增多，影响了语言和文体，话要说得明白，说得详细，当时的著述是说话的记录，自然也是这样。这里面该有平民语调的参入，虽然我们不能确切的指出。汉代辞赋发达，主要的作为宫廷文学；后来变为远于说话的骈俪的体制，士大夫就通用这种体制。可是另一方面，游历了通都大邑名山大川的司马迁，却还用那近乎说话的文体作《史记》，古里古怪的扬雄跟问孔、刺孟的王充，也还用这种文体作《法言》和《论衡》；而乐府诗来自民间，不用问更近于说话。可见这种文体是废不掉的。就是骈俪文盛行的时代，也还有《世说新语》，记录那时代的说话。到了唐代的韩愈，提倡“气盛言宜”的古文，“气盛言宜”就是说话的调子，至少是近于说话的调子，还有语录和笔记，起于唐而盛于宋，还有来自民间的词，这些也都用着说话或近于说话的调子。东汉以来逐渐建立起来的门阀，到了唐代中叶垮了台，“寻常百姓”的士又增多起来，加上宋代印刷和教育的发达，所以那种详明如话的文体就大大的发达了。到了元明两代，又有了戏曲和小说，更是以说话体就是语体为主。公安派、竟陵派接受了这股支流，努力想将它变成主流，但是这一个尝试失败了。直到现代，一个新的尝试才完成了语体文学，新文学，也就是现代文学。

从以上一段语体文学发展的简史里可以看出种种伸缩的尺度。这些尺度大体上固然不出乎“儒雅”和“风流”那两个标准，可是像语录和笔记，有些恐怕只够“儒”而不够“雅”，有些恐怕既不够“儒”也不够“雅”，不够“雅”因为用俗语或近乎俗语，不够“儒”因为只是一些细事，无关德教，也与风流不相干。汉乐府跟《世说新语》也用俗语，虽然现在已将那些俗语看作了古典。戏曲和小说有的别忠奸，寓劝惩，叙风流，固然够得上标准，有的却不够儒雅，不算风流。在过去的文学传统里，这两种本没有地位，所谓不在话下。不过我们现在得给这些不够格的分别来个交代。我们说戏曲和小说可以见人情物理，这可以叫做“观风”的尺度，《礼记》里说诗可以“观民风”；可以观风，也就拐了弯儿，达到了“儒雅”那个标准。戏曲和小说不但可以观民风，还可以观士风，而观风就是写实，就是反映社会，反映时代。这是社会的描写，时代的记录。在我们看来，用不着再绕到“儒雅”那个标准之下，就足够存在的理由了。那些无关政教也不算风流的笔记，也可以这么看。这个“人情物理”或“观风”的尺度原是依据了“儒雅”那个标准定出来的，可是唐代中叶以后，这个尺度似乎已经暗地里独立运用，这已经不是上德化下的尺度，而是下情上达的尺度了。人民参加着定了这个尺度，而俗语的参入文学，正与这个尺度配合着。

说是人民参加着订定文学的尺度，如上文所提到的，该起于春秋末年贵族渐渐没落、平民渐渐兴起的时候。这些受了教育的平民加入了统治集团，多少还带着他们的情感和语言。这种新的士流日渐增加，自然就影响了文化的面目乃至精神。汉乐府的搜集与流行，就在这样氛围之中。《韩诗》解《伐木》一篇说到“饥者歌其食，劳者歌其事。”“饥者歌其食，劳者歌其事”正是“人情物理”，正是“观风”，这说明了三百篇诗的一些诗，也说明了乐府里的一些诗。“饥者歌其食，劳者歌其事”，自然周代的贵族也会如此的，可是这两句话带着浓重的平民的色彩；配合着语言的通俗，尤其可以见出。这就是前面说的“参加”，这参加倒是不自觉的。但那“人情物理”或“观风”的尺度的订定却是自觉的。汉以来的社会，是士民对立，同时也是士民流通。《世说新语》里记录一些俗语，取其自然。在“风流”的标准下，一般的固然以“含英咀华”的语言为主，但是到了这时代稍加改变，取了“自然”这个尺度，也不足为怪的。

唐代中叶以来，士民间的流通更自由了，士人是更多了。于是乎“人情物理”的著作也更多。元代蒙古人压迫汉人，士大夫的地位降低下去。真正领导文坛的是一些吏人以及“书会先生”。他们依据了“人情物理”的尺度作了许多戏曲。明代士大夫的地位高了些，但是还在暴君压制之下。他们这时却恢复了文坛的领导权，他们可也在作戏曲，并且在提倡小说，作小说了。公安派、竟陵派就是受了这种风气的影响而形成的。清代士大夫的地位又高了些，但是又在外族统治之下，还不能恢复元代以前的地位。他们也在作戏曲和小说，可是戏曲和小说始终还是小道，不能跟诗文并列为正宗。“人情物理”还是一种尺度，不能成为标准。但是平民对文学的影响确乎渐渐在扩大。原来士民的对立并不是严格的。尤其在文学上，平民所表现的生活，还是以他们所“虽不能至，心向往之”的士大夫生活为标准。他们受自己的生活折磨够了，只羡慕着士大夫的生活，可又只能耐着苦羡慕着，不知道怎样用行动去争取，至多是表现在他们的文学就是民间文学里；低级趣味是免不了的，但那时他们的理想是爬上高处去。这样，士大夫的文学接受他们的影响，也算是个顺势。虽然“人情物理”和“通俗”到清代还没有成为标准，可是“自然”这尺度从晋代以来已经渐渐成为一种标准。这究竟显出了人民的力量。

大清帝国改了中华民国，新文化运动、新文学运动配合着五四运动画出了一个新时代。大家拥戴的是“德先生”和“赛先生”，就是民主与科学。但是实际上做到的是打倒礼教，也就是反封建的工作。反封建解放了个人，也发现了民众，于是乎有了个人主义和人道主义；前者是实践，后者还是理论。这里得指出在那个阶段上，我们是接受了种种外国标准，而向现代化进行着。这时的社会已经不是士民的对立，而是封建的军阀官僚和人民的对立。从清末开设学校，受教育的人大量增多。士或读书人渐渐变了质；到这时一部分成为军阀和官僚的帮闲，大部分却成了游离的知识阶级。知识阶级从军阀和官僚独立，却还不能跟民众联合起来，所以是游离着。这里面大部分是青年学生。这时候的文学是语体文学，开始似乎是应用着“人情物理”“通俗”那两个尺度以及“自然”那个标准。然而“人情物理”变了质，成为“打倒礼教”，就是“反封建”，也就是“个人主义”这个标准，“通俗”和“自然”也让步给那“欧化”的新尺度；这“欧化”的尺度后来并且也成了标准。用欧化的语言表现个人主义，顺带着人道主义，是这时期知识阶级向着现代化的路。

五卅运动接着国民革命，发展了反帝国主义运动；于是“反帝国主义”也成了文学的一种尺度。抗战起来了，“抗战”立即成了一切的标准，文学自然也在其中。胜利却带来了一个动乱时代，民主运动发展，“民主”成了广大应用的尺度，文学也在其中。这时候知识阶级渐渐走近了民众，“人道主义”那个尺度变质成为“社会主义”的尺度，“自然”又调剂着“欧化”，这样与“民主”配合起来。但是实际上做到的还只是暴露丑恶和斗争丑恶。这是向着新社会发脚的路。受教育的越来越多，这条路上的人也将越来越多，文学终于要配合上那新的“民主”的尺度向前迈进的。大概文学的标准和尺度的变换，都与生活配合着，采用外国的标准也如此。表面上好像只是求新，其实求新是为了生活的高度深度或广度。社会上存在着特权阶级的时候，他们只见到高度和深度；特权阶级垮台以后，才能见到广度。从前有所谓雅俗之分，现在也还有低级趣味，就是从高度深度来比较的。可是现在渐渐强调广度，去配合着高度深度，普及同时也提高，这才是新的“民主”的尺度。要使这新尺度成为文学的新标准，还有待于我们自觉的努力。

文学小言

王国维

（一）

昔司马迁推本汉武时学术之盛，以为利禄之途使然。余谓一切学问皆能以利禄劝，独哲学与文学不然。何则？科学之事业，皆直接间接以厚生利用为旨，故未有与一政治及社会上之兴味相刺谬者也。至一新世界观与一新人生观出，则往往与政治及社会上之兴味不能相容。若哲学家而以政治及社会

王国维故居

之兴味为兴味，而不顾真理之如何，则又决非真正之哲学。此欧洲中世哲学之以辩护宗教为务者，所以蒙极大之耻辱，而叔本华所以痛斥德意志大学之哲学者也。文学亦然；铺馁的文学，决非文学也。

（二）

文学者，游戏的事业也。人之势力，用于生存竞争而有余，于是发而为游戏。婉娈之儿，有父母以衣食之，以卵翼之，无所谓争存之事也。其势力无所发泄，于是作种种之游戏。逮争存之事亟，而游戏之道息矣。惟精神上之势力独优，而又不必以生事为急者，然后终身得保其游戏之性质。而成人以后，又不能以小儿之游戏为满足，于是对其自己之情感及所观察之事物而摹写之、咏叹之，以发泄所储蓄之势力。故民族文化之发达，非达一定之程度，则不能有文学；而个人之汲汲于争存者，决无文学家之资格也。

（三）

人亦有言，名者利之宾也。故文绣的文学之不足为真文学也，与铺馁的文学同。古代文学之所以有不朽之价值者，岂不以无名之见者存乎？至文学之名起，于是有因之以为名者，而真正文学乃复托于不重于世之文体以自见。逮此体流行之后，则又为虚玄矣。故模仿之文学，是文绣的文学与铺馁的文学之记号也。

（四）

文学中有二原质焉：曰景，曰情。前者以描写自然及人生之事实为主，后者则吾人对此种事实之精神的态度也。故前者客观的，后者主观的也；前者知识的，后者感情的也。自一方面言之，则必吾人之心中洞然无物，而后其观物也深，而其体物也切；即客观的知识，实与主观的感情为反比例。自他方面言之，则激烈之情感，亦得为直观之对象、文学之材料；而观物与其描写之也，亦有无限之快乐伴之。要之，文学者，不外知识与感情交代之结果而已。苟无敏锐之知识与深邃之感情者，不足与于文学之事。此其所以但为天才游戏之事业，而不能以他道劝者也。

（五）

古今之成大事业大学问者，不可不历三种之阶级："昨夜西风凋碧树，独上高楼望尽天涯路。"（晏同叔《蝶恋花》）此第一阶级也。"衣带渐宽终不悔，为伊消得人憔悴。"（欧阳永叔《蝶恋花》）此第二阶级也。"众里寻他千百度，回头蓦见，那人正在灯火阑珊处。"（辛幼安《青玉案》）此第三阶级也。未有未阅第一第二阶级，而能遽跻第三阶级者。文学亦然。此有文学上之天才者，所以又需莫大之修养也。

（六）

三代以下之诗人，无过于屈子、渊明、子美、子瞻者。此四子者若无文学之天才，其人格亦自足千古。故无高尚伟大之人格，而有高尚伟大文章者，殆未之有也。

（七）

天才者，或数十年而一出，或数百年而一出，而又须济之以学问，帅之以德性，始能产真正之大文学。此屈子、渊明、子美、子瞻等所以旷世而不一遇也。

（八）

“燕燕于飞，差池其羽。”“燕燕于飞，颉之颃之。”“睍睆黄鸟，载好其音。”“昔我往矣，杨柳依依。”诗人体物之妙，侔于造化，然皆出于离人孽子征夫之口，故知感情真者，其观物亦真。

（九）

“驾彼四牡，四牡项领。我瞻四方，蹙蹙靡所骋。”以《离骚》《远游》数千言言之而不足者，独以十七字尽之，岂不诡哉！然以讥屈子之文胜，则亦非知言者也。

（十）

屈子感自己之感，言自己之言者也。宋玉、景差感屈子之所感，而言其所言；然亲见屈子之境遇与屈子之人格，故其所言亦殆与自己之言无异。贾谊、刘向其遇略与屈子同，而才则逊矣。王叔师以下，但袭其貌而无其情以济之。此后人之所以不复为楚人之词者也。

（十一）

屈子之后，文学上之雄者，渊明其尤也。韦、柳之视渊明，其如刘、贾之视屈子乎！彼感他人之所感，而言他人之所言，宜其不如李、杜也。

（十二）

宋以后之能感自己之感，言自己之言者，其惟东坡乎！山谷可谓能言其言矣，未可谓能感所感也。遗山以下亦然。若国朝之新城，岂徒言一人之言而已哉？所谓“莺偷百鸟声”者也。

（十三）

诗至唐中叶以后，殆为羔雁之具矣。故王季、北宋之诗，（除一二大家外）无可观者，而词则独为其全盛时代。其诗词兼善如永叔、少游者，皆诗不如词远甚。以其写之于诗者，不若写之于词者之真也。至南宋以后，词亦羔雁之具，而词亦替矣（除稼轩一人外）。观此足以知文学盛衰之故矣。

（十四）

上之所论，皆就抒情的文学言之（《离骚》、诗词皆是）。至叙事的文学（谓叙事诗、史诗、戏曲等，非谓散文也），则我国尚在幼稚之时代。元人杂剧，辞则美矣，然不知描写人格为何事。至国朝之《桃花扇》，则有人格矣，然它戏曲则殊不称是。要之，不过稍有系统之词，而并失词之性质者也。以东方古文学之国，无一足以与西欧匹者，此则后此文学家之责矣。

（十五）

抒情之诗，不待专门之诗人而后能之也。若夫叙事，则其所需之时日长，而其所取之材料富，非天才而又有暇日者不能。此诗家之数之所不可更仆数，而叙事文学家殆不能及百分之一也。

（十六）

《三国演义》无纯文学之资格，然其叙关壮缪之释曹操，则非大文学家不办。《水浒传》之写鲁智深，《桃花扇》之写柳敬亭、苏昆生，彼其所为，固毫无意义。然以其不顾一己之利害，故犹使吾人生无限之兴味，发无限之尊敬，况于观壮缪之矫矫者乎？若此者，岂真如汗德所云，实践理性为宇宙人生之根本欤？抑与现在利己之世界相比较，而益使吾人兴无涯之感也？则选择戏剧小说之题目者，亦可以之所去取矣。

（十七）

吾人谓戏曲小说家为专门之诗人，非谓其以文学为职业也。以文学为职业，铺馁的文学也。职业的文学家，以文学为生活；专门之文学家，为文学而生活。今铺馁的文学之途，盖已开矣。吾宁闻征夫思妇之声，而不屑使此等文学嚣然污吾耳也。

陶诗的深度

朱自清

注陶诗的，南宋汤汉是第一人。他因为《述酒》诗“直吐忠愤”，而“乱以廋诗，千载之下，读者不省为何语”，故加笺释。“及他篇有可发明者，亦并著之。”[①]所以《述酒》之外，注的极为简略。后来有李公焕的《笺注》，比较详些；但不止笺注，还采录评语。这个本子通行甚久；直到清代陶澍的《靖节先生集》止，各家注陶，都跳不出李公焕的圈子。陶澍的《靖节先生年谱考异》，却是他自力的工作。历来注家大约总以为陶诗除《述酒》等二三首外[②]，文字都平易可解，用不着再费力去作注；一面趣味便移到字句的批评上去，所以收了不少评语。评语不是没有用，但夹杂在注里，实在有伤体例；仇兆鳌《杜诗详注》为人诟病，也在此。注以详密为贵；密就是密切、切合的意思。从前为诗文集作注，多只重在举出处，所谓“事”；但用“事”的目的所谓“义”，也当同样看重。只重“事”，便只知找最初的出处，不管与当句当篇切合与否；兼重“义”才知道要找那些切合的。有些人看诗文，反对找出处；特别像陶诗，似乎那样平易，给找了出处倒损了它的天然。锺嵘也曾从作者方面说过这样的话；但在作者方面也许可以这么说，从读者的了解或欣赏方面说，找出作品字句篇章的来历，却一面教人觉得作品意味丰富些，一面也教人可以看出那些才是作者的独创。固

① 以上引语均见汤序注。

② 《腊日诗》及《杂诗》第十二都极难解。

然所能找到的来历，即使切合，也还未必是作者有意引用；但一个人读书受用，有时候却便在无意的浸淫里。作者引用前人，自己尽可不觉得；可是读者得给搜寻出来，才能有充分的领会。古先生《陶靖节诗笺定本》用昔人注经的方法注陶，用力极勤；读了他的书才觉得陶诗并不如一般人所想的那么平易，平易里有的是“多义”。但“多义”当以切合为准，古先生书却也未必全能如此，详见下。

从《古笺定本》引书切合的各条看，陶诗用事，《庄子》最多，共四十九次，《论语》第二，共三十七次，《列子》第三，共二十一次。曾用吴瞻泰《陶诗汇注》及陶澍注本比看，本书所引为两家所无者，共《庄子》三十八条，《列子》十九条；至于引《论语》处两家全未注出，当时大约因为这是人人必读书，所以从略。这里可以看出古先生爬罗剔抉的工夫；而《列子》书向不及《庄子》烜赫，陶诗引《列子》竟有这些多条，尤为意料所不及。沈德潜说：“晋人诗旷达者征引老、庄，繁缛者征引班、扬，而陶公专用《论语》。汉人以下宋人以前，可推圣门弟子者渊明也。”[①]照本书所引，单是《庄子》便已比《论语》多；再算上《列子》，两共七十次，超过《论语》一倍有余。那么，沈氏的话便有问题了。历代论陶，大约六朝到北宋，多以为“隐逸诗人之宗”，南宋以后，他的“忠愤”的人格才扩大了。本来《宋书》本传已说他“耻复屈身异代”等等[②]。经了真德秀诸人重为品题[③]。加上汤汉的注本，渊明的二元的人格才确立了。但是渊明的思想究竟受道家影响多，还是受儒家影响多，似乎还值得讨论。沈德潜以多引《论语》为言，考渊明引用《论语》诸处，除了字句的胎袭，不外“游好在《六经》”“忧道不忧贫”两个意思[④]。这里《六经》自是儒家典籍，固穷

① 《古诗源》九。

② 拙著《陶渊明年谱中之问题》中有辩，见《清华学报》九卷二期。

③ 参看真德秀《跋黄瀛甫拟陶诗》，见《文集》三十六。

④ 《饮酒》诗第十六及《癸卯始春怀古田舍》诗第二。

也是儒家精神，只是“道”是什么呢？渊明两次说：“道丧向千载”[①]。但如何才叫做“道丧”，我们可以看《饮酒》诗第二十云：“羲、农去我久，举世少复真。汲汲鲁中叟，弥缝使其淳。”“真”与“淳”都不见于《论语》[②]，什么叫“真”呢？我们可以看《庄子·渔夫》篇云：

> 真者，所以受于天也。自然不可易也。故圣人法天贵真，不拘于俗。

“真”就是自然。“淳”呢？《老子》五十八章：“其政闷闷，其民淳淳”，王弼注云：

> 言善治政者无形无名，无事无政可举，闷闷然卒至于大治，故曰“其政闷闷”也。其民无所争竞，宽大淳淳，故曰“其民淳淳”也。

陶《劝农》诗云：“悠悠上古，厥初生民，傲然自足，抱朴含真。”《感士不遇赋》云：“……抱朴守静，君子之笃素。自真风告逝，大伪斯兴……”“抱朴”也是老子的话[③]，也就是“淳”的一面。“真”和“淳”都是道家的观念，而渊明却将“复真”“还淳”的使命加在孔子身上；此所谓孔子学说的道家化，正是当时的趋势[④]。所以陶诗里主要思想实在还是道家。又查慎行《诗评》论《归园田居》诗第四云：“先生精于释理，但不入社耳。”此指“人生似幻化，终当归空无”二语。但本书引《列子》《淮南子》解

---

① 《示周掾祖谢》及《饮酒》诗第三。

② 据日本森本角藏《四书索引》。

③ 十九章：“见素抱朴，少私寡欲。”

④ 冯友兰《中国哲学史》下册六〇二至六〇四面。

陶渊明

“幻化”“归空无”甚确。陶诗里实在也看不出佛教影响。

陶诗里可以确指为“忠愤”之作者，大约只有《述酒》诗和《拟古》诗第九。《述酒》诗“廋词”太多，古先生所笺可以说十得六七，但还有不尽可信的地方——比汤注自然详密得远了。《拟古》诗第九怕只是泛说，本书以为“追痛司马休之之败”，却未免穿凿。至于《拟古》诗第三、第七，《杂诗》第九、第十一，《读山海经》诗第九，本书也都以史事比附，文外悬谈，毫不切合，难以起信。大约以“忠愤”论陶的，《述酒》诗外，总以《咏荆轲》《咏三良》及《拟古》诗、《杂诗》助成其说。汤汉说：“三良与主同死，荆轲为主报仇，皆托古以自见。”其实“三良”与“荆轲”都是诗人的熟题目：曹植有《三良诗》，王粲《咏史》诗也咏“三良”；阮瑀有《咏史》诗二首，咏“三良”及荆轲事。渊明作此二诗，不过老实咏史，未必别有深意。真德秀、汤汉又以《拟古》诗第八“首阳”“易水”为说；但还只是偶尔断章取义。刘履作《选诗补注》乃云：“凡靖节退休后所作之诗，类多悼国伤时托讽之词。然不欲显斥，故以‘拟古’‘杂诗’等目名其题”，二十一篇诗就全变成“忠愤”之作了。到了古先生，更以史事枝节傅会，所谓变本加厉。固然这也有所本，《诗毛传郑笺》可以说便是如此；但毛、郑所引史实大部分岂不也是不切合的！以上这些诗，连《述酒》在内，历来并不认为渊明的好诗。朱熹虽评《咏荆轲》诗“豪放”，但他总论陶诗，只说："平淡出于自然"，他所重的还是"萧散冲澹之趣"①，便是那些田园诗里所表现的。田园诗才是渊明的独创；他到底还是"隐逸诗人之宗"，锺嵘的评语没有错。朱熹又说："陶欲有为而不能者也"，这却有些对的。《杂诗》第五云："忆我少壮时，无乐自欣豫。猛志逸四海，骞翮思远翥。"《饮酒》诗第十六及《荣木》诗也以"无成""无闻"为恨。但这似乎只是少壮时偶有的空想，他究竟是"少无适俗韵，性本爱丘山"的人。

锺嵘说陶诗"源出于应璩，又协左思风力"。应璩诗存者太少，无可参证。游国恩先生曾经想在陶诗字句里找出左思的影响②。他所找出的共有七联，其中左思《招隐》诗，"杖策招隐士，荒涂横古今"，确可定为渊明《和刘柴桑》诗"山泽久见招""荒途无归人"二语所本，"聊欲投吾簪"确可定为渊明《和郭主簿》诗第一"聊用忘华簪"所本。本书所举却还有左思《咏史》诗"寂寂扬子宅"（为渊明《饮酒》诗"寂寂无行迹"所本），"寥寥空宇中"（为渊明《癸卯岁十二月中作》"萧索空宇中"所本），"遗烈光篇籍"（为同上"历览千载书，时时见遗烈"所本），及《杂诗》"高志局四海"（为渊明《杂诗》"猛志逸四海"所本）四句。不过从本书里看，左思的影响并不顶大；陶诗意境及字句脱胎于《古诗十九首》的共十五处，字句脱胎于嵇康诗赋的八处，脱胎于阮籍《咏怀》诗的共九处。那么，《诗品》的话就未免不赅不备了。但就全诗而论，胎袭前人的地方究竟不多；他用散文化的笔调，却能不像"道德论"而合乎自然，才是特长。这与他的哲学一致。像"结庐在人境，而无车马喧""人生归有道，衣食固其端。孰是都不营，而以求自安"③，都是从前诗里不曾有过的句法；虽然他是并不讲什么句法的。

本书颇多胜解。如《命子》诗："既见其生，实欲其可"的"可"字，

① 参看《朱子语类》卷百四十。

② 述学社《国学月报汇刊》第一集一三九，一四〇面。

③《庚戌岁九月中于西田获早稻》诗。

竹林七贤，狩野探信绘

注家多忽略过去，本书却证明“题目人以‘可’字，乃晋人之常”[①]。和《刘柴桑》诗，题下引《隋书·经籍志》注：“梁有‘晋’柴桑令《刘遗民集》五卷，《录》一卷。”证“刘柴桑”即“刘遗民”。此事向来只据李公焕注，得此确证，可为定论。又“弱女虽非男，慰情良胜无”，或以为比酒之醨薄，或以为赋，都无证据。本书解为比，引《魏书·徐邈传》及《世说》，以见“魏、晋人每好为酒品目，靖节亦复尔尔”[②]。《还旧居》诗“常恐大化尽，气力不及衰”，次句向无人能解；本书引《礼记·王制》“五十始衰”，及《檀弓》郑注，才知“常恐……不及衰”，即常恐活不到五十岁之意[③]。《饮酒》诗第十六“孟公不在兹，终以翳吾情”，旧注都以“孟公”为投辖的陈遵，实与本诗不切；本书据诗中境地定为刘龚，确当不

① 卷一，十四页。

② 卷二，十一页。

③ 卷三，五页、六页。

易[①]。又第十八前以扬子云自比，后复以柳下惠自比。这二人间的关系，向来无人能说；本书却引《法言》及他书证明“子云以柳下惠自比，故靖节以柳下惠比之”[②]。又如《杂诗》第六起四句云：“昔闻长老言，掩耳每不喜；奈何五十年，忽已亲此事！”诸家注都不知“此事”是何事。本书引陆机《叹逝赋序》“昔每闻长老追计平生同时亲故；或凋落已尽；或仅有存者……”[③]，乃知指的是亲故凋零。

但书中也不免有疏漏的地方。如《停云》诗“岂无他人”，本书引《诗·唐风·杕杜》[④]，实不如引《郑风·褰裳》切合些。《命子》诗“寄迹风云，冥兹愠喜”，下句本书引《庄子》为解，不如引《论语·公冶长》“令尹子文三仕为令尹，无喜色；三已之，无愠色”。《归园田居》诗第二“常恐霜霰至，零落同草莽”，上句无注，似可引《诗·小雅·頍弁》“如彼雨雪，先集维霰”，及《楚辞·九辩》“霜露惨凄而交下兮，心尚其弗济。霰雪雰糅其增加兮，乃知遭命之将至”。这两句诗是所谓赋而比的。《怨诗楚调示庞主簿邓治中》末云：“慷慨独悲歌，钟期信为贤”，“钟期”明指庞、邓，意谓只有你们懂得我。不必引古诗为解。《答庞参军诗序》：“杨公所叹，岂惟常悲”；李公焕注：“杨公，杨朱也。”本书引《淮南子》杨子哭歧路故事，但未申其“义”。按《文选》有晋孙楚《征西官属送于陟阳侯作诗》，起四句云：“晨风飘歧路，零雨被秋草。倾城远追送，饯我千里道”；这里的“歧路”只是各自东西的歧路，而不是那“可以南可以北”的了。可见这时候“歧路”一词，已有了新的引申义；渊明所用便是这个新义。“杨公所叹”只是“歧路”的代语，“叹”字的意思是不着重的。《和郭主簿》诗第一末云：“遥遥望白云，怀古一何深。”本书

①卷三，十二页。

②卷三，十三页。

③卷四，六页。

④原作“小雅”误。

解云："遥遥望白云"即"富贵非吾愿，帝乡不可期"也[1]。这原是何焯的话，富贵二语见《归去来辞》。但怀古与白云或帝乡究竟怎样关联呢？按《庄子·天地》篇："华封人谓尧曰：'夫圣人鹑居而鷇饮，鸟行而无章。天下有道，与物皆昌。千岁厌世，去而上仙。乘彼白云，至于帝乡。三患莫至，身无常殃，则何辱之有！'"《怀古》也许怀的是这种乘白云至帝乡的古圣人。又第二末云："检素不获展，厌厌竟良月"，本书所解甚曲。"检素"即简素，就是书信；"检素不获展"就是接不着你的信。《饮酒》诗第十三"规规一何愚"，引《庄子·秋水》"适适然惊，规规然自失也"，不切，不如引下文"子乃规规然而求之以察，索之以辩"。《止酒》诗每句藏一"止"字，当系俳谐体。以前及当时诸作，虽无可供参考，但宋以后此等诗体大盛，建除、数名、县名、姓名、药名、卦名之类，不一而足，必有所受之。逆推而上，此体当早已存在，但现存的只《止酒》一首，便觉得莫名其妙了。本书引《庄子》"惟止能止众止"颇切；但此体源流未说及。

古先生有《陶靖节诗笺》，于民国十五年印行，已经很详尽。丁福保先生《陶渊明诗注》引用极多。《定本》又加了好些材料，删改处也有；虽然所删的有时并不应删，就如《停云》诗"搔首延伫"一句，原引《诗经·静女》"爱而不见，搔首踟蹰"和阮籍《咏怀》"感时兴思，企首延伫"，《定本》却将阮籍诗一条删去了。我们知道陶渊明常用阮诗，他那句话兼用《静女》及《咏怀》或从《静女》及《咏怀》脱胎，是很可能的；古先生这条注实在很切合。《定本》所改却有好的，如《饮酒》诗第十八的注便是（详上文）。《诗笺》中四言诗注未用十分力，《定本》这一卷里却几乎加了篇幅一半。

---

[1] 卷二，十三页。

中国古典文学中的诗歌传统

郑振铎

一、什么是诗？它与散文有何区别？

诗是最年轻的，人类在儿童时代就会口中念念有词，任何一个民族在它还没有文字记载的时候就有诗。在文学中诗又是最成熟的、最高级的形式，它是最自然的、脱口成章的东西。如刘邦向来不会写文章，但当他心中有感便脱口唱出“大风起兮云飞扬……”，项羽临死也能唱出“虞兮！虞兮！

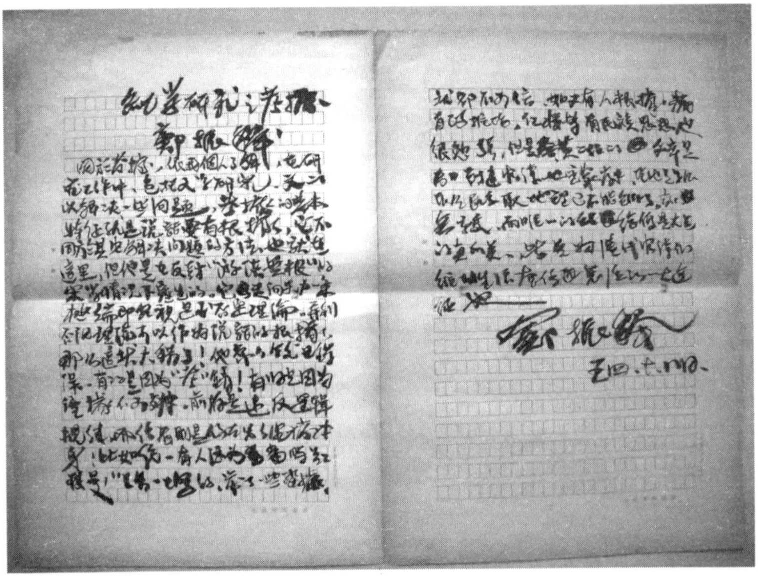

郑振铎手稿

奈若何？……”抗美援朝志愿军战士就有许多枪杆诗，农村的老百姓也能做快板诗。诗不是分行写的散文，它是最精练毫不拖沓的，感情更集中，更洗练，更提高，有音节，有起伏有音律的东西。它是人民喜欢的文学形式，是人人都能欣赏的东西。诗都是有韵的，韵还可以顿挫，最早的诗都能唱。采取了韵文形式就容易记忆，容易传达感情，所以古代散文也多是有韵的。

诗一般可分两种：一种是徒歌，是不带音乐唱的，叫吟诗，和戏曲中的干唱干念类似。吟诗也叫唱诗，调子抑扬，富有音韵节奏之美，即在现在南方广东、福建、四川等地还很流行，如唱《木兰词》，李白、杜甫等诗。另一种是乐歌（乐曲），是配合音乐唱的，随着音乐的调子有许多衬字和虚字。古乐府调（如六朝乐府），唐诗、宋词、元曲等都是合乐而唱的。总之，不管徒歌还是乐歌，都是音节非常调和，本身就包括很高的音乐的美。

从诗的性质讲，一般也分两类：一是抒情诗，一是叙事诗（史诗为其中一种）。抒情诗是直接表达感情，是最精练的，其中没有故事，是藉音乐和诗表现出来的。叙事诗是有故事的，是表现民族传统、民族历史、命运、生活的；史诗是叙事诗发展的最高形式，它可以说是民族的百科全书，表现出很多可歌可泣的事迹，如希腊荷马史诗《奥地赛》《依里亚特》；印度古代的两部史诗《马哈巴拉泰》（*Mahabharata*）《拉马耶那》（*Ramayana*），其中表现了为人民服务的英雄人物，他们是该民族的光明与正义的化身。中国古代可以说没有史诗，在《诗经》中虽有几篇类似的东西，但和印度、希腊的史诗还很不相同。中国叙事诗的产生是比较晚的，像《离骚》只是叙事诗和抒情诗的结合。抒情诗在中国是最发达的，也是产生最早的，是我们民族最精练最高的诗歌形式。

诗人所歌唱的是人民的希望与要求，人民的快乐与悲伤，人民的痛苦与不幸，清楚的表现出人民拥护的是什么，反对的是什么，人民喜欢什么，怨恨什么，表现得最深刻，最有力，而且也最能够击中敌人要害。因此，诗和散文肯定是不同的。诗比散文形式更高，更加洗练，更加集中，作为一个诗人要有更高、更丰富、更集中的感情和更好的艺术修养。

中国诗的形式到现在还是一个没解决的问题，是否可以五七言诗为主要形式呢？它是否最适合中国语言的特点和习惯呢？用古代形式写新的情绪是不是合适？枪杆诗、快板诗是诗中的最高形式，还是拟模外国形式？现在尚无定论（但抄袭外国诗的排列方式——豆腐块式，没问题是否定的）。我们的诗人们都正在创造自己的诗的形式。至于继承古代诗五七言传统，这样是否容易使诗变成不严肃的，流入油腔滑调？这是一个问题，到现在为止，诗的形式还正在一个摸索阶段。中国诗的传统是伟大的，丰富的，是有很高的成就的，可是现在还没产生一首令人一念永远不忘的好诗，可见新诗创作中还是存在一些问题的。

二、《诗经》

中国诗比任何文学形式都产生得早，它是我们民族文学创作中最年轻的。《诗经》是中国最早的诗集，它的编成约在纪元前五世纪（孔子死于纪元前479年）。据说，古代有采风官到各地采诗，孔子再加以选择编删，差不多把纪元前五世纪以前的诗都编到里面了，其中包括的诗，最早的有纪元前八百七十年以前的作品。

《诗经》共有三百零五篇。按其内容可分三种，即风、雅、颂。其中“风”是民间歌谣，占一百六十篇；“雅”是文人创作，有一百零五篇；“颂”是祭祀宗庙歌曲，共有四十篇。若编辑《诗经》的真是孔子，看来孔子倒不是一个狭隘的人。《诗经》中包罗万象，把两千五百年到两千八百年间社会生活的整个情况都反映了出来。要研究春秋时代的社会性质的话，《诗经》给我们提供了大量的可靠的材料。《诗经》包括的范围很广，从民间歌谣直至祭祀歌曲等。但所反映的地域很小，集中在河南、河北、山东、山西，大部分在黄河以北，小部分在黄河以南，长江流域的则完全没接触到。

《诗经》中主要的是民间歌谣，它是无穷的最可宝贵的材料，把我们初期封建社会的祖先在黄河流域所歌唱的，所反对的，所希望的，所要求的，以及快乐忧伤与不幸等感情都表现出来。在《诗经》中还有占很大成分的恋歌，写得很好（不下于现在好的情歌），是非常活泼新鲜的东西。其中更重要的一种是反映农民生活的歌曲，很明确地表现了农民和地主的关系，反映了地主的残酷剥削以及农民的痛苦，把农民的憎恨与反抗，表现得非常深刻。如《伐檀》就是农民很尖锐地讽刺地主，再如《小雅·七月》反映农民生活非常生动具体。还有反映入门女婿之苦的如《黄鸟》写得也很好。

“雅”分《大雅》《小雅》两个部分，据说《小雅》是讽刺，《大雅》是歌颂，但实际上《大雅》也有讽刺的，揭发当时社会的黑暗情况的。这些作者虽出身于统治阶级，但他们站出了自己的阶级，不满意贵族的统治，深刻地揭发了当时贵族统治阶级的黑暗腐化。

“颂”是祭祀文章，其中《公刘》有史诗的意味，描写初期封建社会周民族的迁移，怎样搬家，怎样定居（定居一定要背山面水），怎样选择地方、条件盖房子，写得很好。这种描写法在“颂”中很多，还有其他宗庙祭祀诗等，反映了我国古代初期农业社会生活。

三、《楚辞》

《楚辞》是两千三百年前的著作，《楚辞》弥补了《诗经》的缺陷，收集了长江以南的民间歌曲。在春秋时代（《诗经》采诗时代），楚民族被认为是蛮夷，受中原人士的排斥，同时语言不通，民歌很不好搜集，所以《诗经》中没包括这一部分。《楚辞》表现了南方文学的成就，他的特点是想象力更丰富，表现自己的感情更流畅，更充沛，更大胆地勇敢地反抗当时的黑暗统治，讽刺当时朝廷的腐败。这些特点主要集中在屈原的二十五篇作品中，其中以《离骚》为主。《离骚》是我国古代最长的一首抒情诗，它反覆地表示了自己的政治情感。《九章》中也有几篇很好的东西。《天问》也很好。其中与民歌关系最密切的，或是在民歌中提炼出来的如《九歌》和《招魂》。《九歌》是写楚国的神话，用最漂亮的句子，改写民间的祭神歌，写出民间最崇拜的是什么，最畏惧的是什么，这可以表现两千三百年以前，长江以南的祖先是怎样歌颂祭祀神鬼的。中国古代宗教一直停留在多神教、拜物教的阶段，天堂地狱不分明，就是分人间和人间以外的世界。《招魂》中反映了人间是最快乐的，人间以外的地方，天上、地下、东、南、西、北，都是可怕的，这是根据当时民间风俗习惯写的，影响非常之大。

屈原的著作一向是采用民间文学形式加以提高加工而成的。而他之所以伟大，是因为他的反抗情绪代表了当时人民对贵族统治的反抗情绪；他通过自己的悲愤表现人民的悲愤；通过他自己的感情，表现人民的感情。屈原是否有统一中国的野心，现在还不可考，但屈原却是一个爱国诗人，他爱他的乡土、乡人，他极力想保护他的诸侯王国不受外族的欺凌和压迫。

宋玉在屈原之后，是否是屈原的学生，却是问题。宋玉赋有十六篇，年代约在纪元前三世纪，现在在《文选》《古文苑》等书中，又有署名宋玉的作品，如《大言赋》《小言赋》，写得很漂亮，《大言赋》就尽量说大话，越大越好，《小言赋》就尽量说小事，说一个蚊子肝九族人吃还没吃了。这可以表现出两千多年以前我们祖先想象力的丰富。但是今日看来，肯定不是宋玉所作。还有《风赋》《高唐赋》《神女赋》，写得都很好，但是否写成于战国时代也成问题。宋玉作品选入《楚辞》中的有《九辩》。《九辩》潇洒之气过于《离骚》《九章》，不满当时统治的情绪是和《离骚》相同的。看《九辩》可知宋玉的人格很高（决不像《屈原》剧里那样），在《高唐赋》《神女赋》中说宋玉是楚王的弄臣，但是不是这样也很难说。

《楚辞》的影响很大，其内容多不满意统治阶级，代老百姓发牢骚，表达了人民的情绪。后来的汉赋就是受《楚辞》影响而产生的。中国古代六百到七百年的时代，赋的产量很多，司马相如、枚乘、贾谊，甚至张衡、班固等人，皆未可厚非。其中也有很好的作品，反映了当代人民的生活。

四、五言诗

五言诗的产生约在纪元前一世纪，汉成帝时代，据考证《李陵答苏武书》并非李陵所作，而是纪元前两世纪的作品。当时五言诗大部是民歌民谣，古诗十九首、《孔雀东南飞》是五言诗的代表作，也是产生于民间的最好的作品。到第三世纪初期，建安时代（196—220年），五言诗才掌握在有天才的诗人手里，并加以提高。当时最主要的诗人是曹氏父子三人（曹操、曹丕、曹植），他们最先掌握并提高了民间形式。曹操多写四言。其子曹植最重要，写得最好，他是统治阶级的游离分子，由于自己境遇的不幸很受压迫，所以也比较能够了解人民的痛苦，同情人民。五言诗的最盛时代到六朝为止，当时作者很多，重要作品如嵇康的幽愤诗、阮籍的咏怀诗、郭璞的游仙诗及左思的咏史诗等都充满了自己的感慨悲愤的感情。最重要的诗人是陶渊明（第四—第五世纪，六朝初期），现在对他的评价一般人还不大敢下断语。他是田园诗人，歌颂自然，表现农村生活，但他不仅像苏东坡所说的那样表面平淡无奇，实际上他是很热情的人，他还是一个伟大的现实主义者，《桃花源记》表现了他理想的社会，代表了他的政治理想，他并不是远离人间、脱离政治的。

六朝诗人很多，我们再举陶渊明以后的两个重要诗人，即鲍照、庾信。鲍照的诗充满了不幸时代的悲痛的情绪，其内容极其丰富，他的诗虽多拟古，但他却用很丰富的感情表现了当时的时代。庾信也反映了当时不幸的、动乱的、被压迫的、沉痛的时代，杜甫曾说"清新庾开府，俊逸鲍参军"，庾信的《哀江南赋》（当时北方游牧民族侵入，庾信被俘未回）写得非常沉痛。他们的诗都是言之有物的作品，他们本身也决不是貌为诗人，就脱离人民而飘飘然了，而是生根于人民中，一直与人民有密切的联系。

六朝时南北方的民间歌曲都是五言的，江南流行的民歌叫“徒歌”，分二种：一种是流行于太湖流域的叫“吴歌”，如《大子夜歌》《小子夜歌》《四时子夜歌》《读曲歌》等。其中有很重要的东西。言词清新，不下于《诗经》中的恋歌。一种是流行于湖南、湖北、长江流域的叫“荆楚西声”（也统在《乐府诗集》中），是南方码头水路上的人吟的，调子软绵绵的。北方的乐歌，如游牧民族的“梁鼓角横吹曲”（胡乐），其中虽也有很漂亮的恋歌，但调子不像南方那样软绵绵的，而是大刀阔斧，高头大马，气魄很大。这时不但有大量的出自民间的歌曲，还有文人学士受民间歌曲的影响，而发挥其天才创造出的许许多多的重要作品，它们是和现实紧密结合在一起的。

五、李白与杜甫

诗到唐朝发生了很大的变化，不仅用五言，又运用了更适合的七言。诗歌大盛，形式很多，譬如有不限句数的可长可短的古诗（又称古风），八句的律诗，四句的绝句和从律诗发展起来的排律。唐诗有这些体裁，所以说唐朝是诗歌全盛时代。《全唐诗》有九百卷，有作品流传下来的诗人约两千人左右，作品在一万首以上。

唐朝诗人很多；在李白、杜甫以前，值得注意的有初唐四杰中的卢照邻，他的诗很有特别情调，他终年生病，在待死的情况中，写了很多诗，专描写自己病中的痛苦。还有骆宾王，他所描写的当时社会及个人的悲愤的长诗，写得很好，以写骂武则天的文章而著名。此外陈子昂的感遇诗，风格很高。再是王梵志，他的诗影响很大，但在宋以后便不为人所知。直到很长时间以后，才在敦煌石室中发现他的诗，他做了许多格言诗、哲理诗、教训诗等，写得很自然，风格很通俗。

到了第八世纪开元、天宝时代，李白、杜甫产生。他们所以重要，是因为他们表现了那个时代——中国历史上一个繁荣富庶的时期，在文化艺术上也是最发达的时候。当时长安变成繁华的国际大都市，日本、朝鲜等五十多个国家都来入贡，而且各国都派留学生到中国来。中国的文化普遍传到东西南北四方，音乐、舞蹈、美术等都极其发达（西藏今日的舞蹈、音乐还保留着唐朝的风味）。这时唐朝已达到全盛时代。当时以诗取仕，是两级考试制度，先举进士，后考诗赋，没有学问、不会作诗的人就不能受举，永远不能做官，所以作诗的风气越来越盛。李白、杜甫就是在社会最繁盛和诗的气息特别浓厚的情况下出现的，他们又继承了古代诗歌最优秀的传统，而且使它更加发展起来。

李白在一般人的印象中是浪漫诗人，整天醉薰薰的，似乎离人间很远，而对杜甫的估价比李白高得多。其实这种看法是不对的，杜甫的脾气也很大，好喝酒，生活并不很规矩，不像一般人想象的那么谨慎。他们之间有其共同点，就是他们都真实地表现了那时的时代，但表现形式不同，李白是比喻或反面描写，如《蜀道难》，杜甫则是正面地老老实实地表现人民的痛苦，反抗那个时代，如“三吏”“三别”。

与杜甫、李白同时代的还有王维与孟浩然，都是描写自然风景极好的田园诗人。王维是静的描写，客观的描写，不加一点自己的见解。孟浩然是动

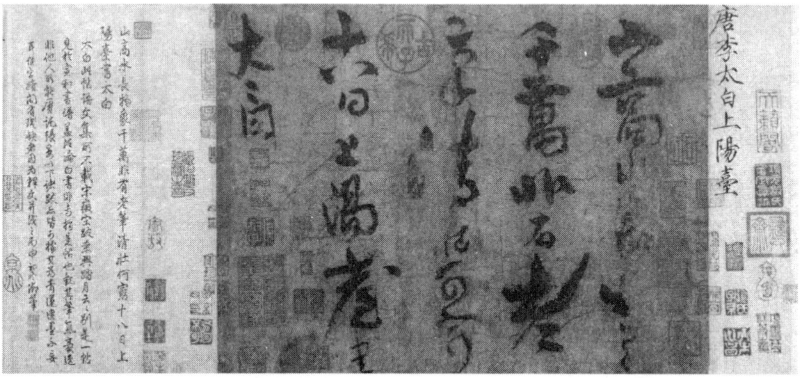

李白唯一存世的真迹《上阳台帖》，现藏于北京故宫博物院

的描写，把自然人格化了，喜欢用许许多多的人的行为描写自然，或是把人参加到自然中去，写得很好。这种田园诗或风景诗和宋代的画很相似，表现得非常细腻。

李白、杜甫之后，主要有顾况、白居易、皮日休、聂夷中，后二人是最近才被提出来的，因为他们是的的确确地真切地表现了当时社会，表现了自己的不满，替人民说了话，反映了当时社会的黑暗与悲痛。如聂夷中的“花下一禾生，去之为恶草”，他把人民的需要和希望都写出来，他大概是受了王梵志的影响，多是格言诗。再有唐末的罗隐、杜荀鹤，他们把人民生活的痛苦都用诗反映出来，句句是格言，现在流传着的格言还有许多是罗隐的诗。

六、词

唐诗限制很严，不适合于配合音乐唱，配合音乐唱需参杂很多虚字，这就产生了另一种体裁，名为词。最早的词产生在第八世纪，它完全是配合音乐唱的，范围很广，其中一部分是能唱的诗，一部分是民歌，一部分是外国传来的音乐调子（如有一部曲调即是从印度来的调子），再一部分是文人创作。其中最重要的是民歌。

词到五代时大盛，产生了许多写词的人，如《花间集》选了十八个词人的作品，其中以四川的作品为主，并包括中原、长江上游、黄河流域一带作家的作品，而把长江下游、江南一带作家的词都漏掉了（当时江南词人是南唐二主，他们的作品今尚流传一小部分）。再有《阳春集》（冯延巳编），这是真正唱的词，这些词也正是表现了词人的感情。

到了宋朝，词成了与人民生活不可分的东西，在游戏场中说书的都要先唱一段词给大家听。原来词都是很短的，在五代时，词叫“小令”，唐代词也很短，到了宋朝发展成为“慢词”（长篇，约在百字以上）。慢词又可分为两派，一派以柳永最著名，其词流传遍天下，所谓“凡有井水处，皆歌柳词”，他的词多写离情别绪悲伤之情，但入情入理，非常通俗。还有一派是苏轼，他完全是为自己而写，发泄个人感情，不一定能唱，爱怎样写就怎样写，作风很豪爽，与柳永恰恰相反。

宋朝变乱很多，北宋末南宋初，许多作家在作品中表现了自己的痛苦和人民的痛苦。如赵佶（宋徽宗）他在政治上是失败了，但在学术上则有很大的成功，他的词作得很好，描写他被俘的生活，非常沉痛，和庾信类似。还有女作家李清照，她经过很多流离的痛苦，能相当大胆地写出个人的感情。

南宋末，局面比较稳定，产生两个比较好的爱国词人，即辛弃疾和陆游。辛弃疾的作品慷慨激昂。陆游的作品里，表现了迫切希望恢复中原的心情。从他们的作品里都可以看到局面稳定后的情况及人民对恢复中原的要求。

到宋朝末年有两个大诗人，即文天祥和汪元量，他们本身是大政治家。文天祥的作品反映出人民的痛苦及个人的痛苦，沉痛异常。汪元量诗写得也很沉痛，他们的词也都写得很好。

宋时的叙事歌曲很流行，开头只是把几篇词连在一起唱，如用《蝶恋花》的调子唱《西厢记》的故事等等，这叫“鼓子词”。在宋仁宗时很快就发展成为很伟大的叙事歌曲，叫“诸宫调”。其创造者是孔三传（民间诗人）。诸宫调中最有名的是董解元的《西厢记》，写得非常漂亮。再是帝俄时的考古学家在甘肃发现的《刘知远诸宫调》，写得好极了，把民间生活表现得非常好。当时唱诸宫调的有男班，有女班（《风月紫云亭》就是描写女班唱诸宫调的情形），但这些长篇叙事歌曲，今天还流传的已经不多。到了南宋末年，词的调子已经不像从前那样被人欢迎，而又产生了一种新的体裁来代替了它。

七、散曲

词调俗了以后，就出现了散曲。过去有人称词是诗余，曲是词余，这是瞧不起词曲的论调。其实词、曲是诗中更加重要的，它表现了元、明两朝带音乐的诗的主体。在戏台上唱的叫“剧曲”，清唱叫散曲，他的形式是多种多样的，包括的成份很多，收集了大批的民歌，并吸收了蒙古、色目人的调子，以及文人创作等。它是元、明两朝能唱的曲子的总称。

散曲分“南曲”“北曲”两大派。南曲多是描写恋爱生活为主，写得柔软。北曲虽有的也描写恋爱，但和南曲不同，很健壮豪放，这些都是由民歌而来。元朝散曲以北曲为主。

当时散曲家兼戏曲家有关汉卿、马致远、乔梦符（乔吉）、白仁甫（白朴）等人，还有一个专写散曲的叫刘致（刘时中），他把元朝社会的黑暗，在两篇散曲中都表现出来，如描写钞票制度的害人等等。

明朝的散曲家很多，但值得提出来的却不多，明朝主要是以南曲为主。这时有一个特点，即凡是真正好的作家都产生于民间，好的作品都是从民间吸取营养的。例如金銮，他抓住了民间新鲜的调子来加工改编。还有刘效祖也写了很多民间歌曲。凌濛初则在理论上公开提出，说文人的作品没有能赶得上民间的《打枣竿》《吴歌》等的。冯梦龙收集了许多北方的《挂枝儿》南方的《山歌》刻印出来，流传遍天下，现存的还有一百多首。再一个是赵南星，他更进一步利用民间歌谣，模仿民歌写了不少的东西。还有一个相当伟大的作家施绍莘，他在当时是受排斥的，他不用民歌，只用旧调来创作，如《花影集》是很好的东西，今尚流传。

八、清代的诗、词、曲

清朝的诗是古代诗歌传统的总结时期，凡是古代用过的形式，都好像回光返照似的重现一遍，各种形式都有人运用，而且作得还很好，如吴伟业便是一个很有天才的诗人。

乾隆时重要作者有袁枚、赵翼（他的讽刺诗写得很好），还有一个专写散曲的蒋士铨，后来较重要的有黄遵宪，他整理提炼了广东梅县的山歌。

满族有两个大词人，即纳兰性德和西林太清君，他们都有很大的成就，纳兰性德的《饮水词》写得非常好，很流行。女词人西林太清君的《渔歌》甚著名，虽写的有很多不合规格的地方，但很新鲜，后来她和大诗人龚自珍恋爱，两个人都写了许多恋歌。

在曲中发现新生命的是“道情”，这时南方如福建、广东、长江、九江以及北方的民间歌曲都复活起来，很多文人作家们将它整理提高。如招子庸收集整理广东的《粤讴》。还有满族作家戴全德（在九江浔阳做官）曾用满语与汉语混起来写了不少的诗，有的内容是很好的，如《浔阳诗稿》，其中就有很好的小调。

当时有两部比较重要的曲选，即收集北方民歌的《霓裳续谱》，及收集

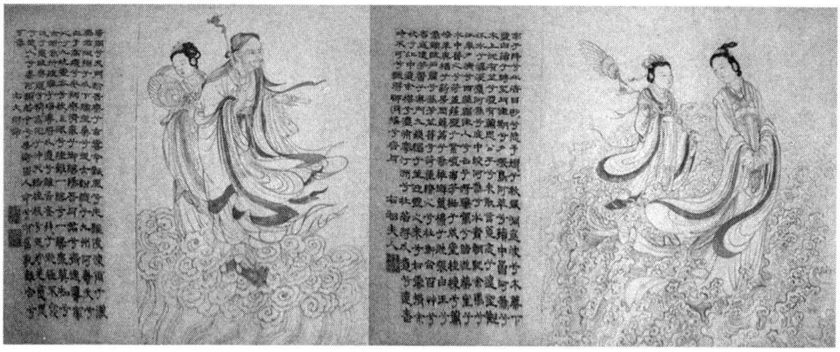

九歌图（局部），张渥

长江流域的民歌的《白雪遗音》，都有极好的内容。总之，中国诗的传统是民间歌谣的传统。中国各种形式风格的诗，都首先产生于民间，为老百姓所喜好，而后才为文人所掌握。文人只有从民间吸取养料，他才能有所成就，只有掌握住并提高了民间形式的诗人，他的诗才一定是新鲜活泼而又富于生命力的。诗的形式的发展既是来自民间，生长于民间，它当然是与广大人民密切结合的。据说《楚辞》中的《九歌》，在湖南等地现在还有人唱。所以民间文学是非常重要的，他有优良的传统，我们学习诗歌传统，不仅要向古代大诗人学习，而且更要向民间作品学习，这样我们才能够得到更好的成绩。